PIT SCHUBERT

Alpine Seiltechnik für Anfänger und Fortgeschrittene

Mit 60 Zeichnungen von Sepp Laßmann

BERGVERLAG RUDOLF ROTHER GMBH · MÜNCHEN

Abbildungen auf dem Umschlag:

Links: Im Fels der Untersberg-Südwand
(Berchtesgadener Alpen)

Rechts: In der NW-Flanke
der Inneren Schwarzen Schneid
(Ötztaler Alpen)

Bildnachweis:
Lindner: Seite 17 oben, Steinbichler: Seite 39 unten;
Winkler: Seite 39 oben links; alle übrigen Bilder vom Autor.

Bergverlag Rudolf Rother GmbH, München
4. überarbeitete Auflage 1992

ISBN 3 7633 6076-X

Gesamtherstellung Rother Druck GmbH, München
(2316/2918)

Zur Konzeption dieser Lehrschrift

Die vorliegende Lehrschrift beinhaltet alles, was der Anfänger und Fortgeschrittene an technischem Rüstzeug benötigt, um seine ersten Schritte in Fels und Eis und darüber hinaus die ersten selbständigen Klettereien und Bergtouren sicher und „gekonnt" antreten zu können.
So wird alles erläutert, was der Kletterer und Bergsteiger an technischem Wissen braucht, um den Fels bis zum IV. Schwierigkeitsgrad zu beherrschen und Gletscheranstiege sowie Firn- und Eiswände bis zur Steilheit von etwa 50° zu meistern.
Mehr soll diese Lehrschrift nicht vermitteln. Das ist für den Anfänger und auch für den Fortgeschrittenen schon eine ganze Menge. Beherrscht er dies — auch in der Praxis — kann er sich mit Fug und Recht einen erfahrenen Fels- und Eiskletterer nennen.
Wer sich darüber hinaus noch mehr Wissen über Fels- und Eistechnik aneignen möchte, sei auf die Lehrschriften „Die Anwendung des Seiles in Fels und Eis" und auf die „Alpine Felstechnik" — erschienen im Bergverlag Rother — hingewiesen. Diese Lehrschriften vermitteln auch Wissen über die Eigenarten und Gefahren der Berge, über Schwierigkeitsbewertung von Fels- und Eistouren, über Biwakieren und Überleben am Berg und vieles andere mehr.

Bergseil — worauf ist zu achten?

Alle auf dem Markt befindlichen Seile sind aus Polyamid(Perlon)-fäden in **Kernmantelkonstruktion** gefertigt. Der geflochtene Mantel schützt den aus mehreren Strängen bestehenden Kern. Zum Auffangen eines Sturzes dienen Mantel **und** Kern gemeinsam. **Ein Kernmantelseil, dessen Mantel beschädigt ist, muß deshalb kompromißlos ausgesondert werden.**

Seilwahl

Als Seil kommt nur das Einfachseil (Durchmesser 10—11,5 mm) in Frage. Kennzeichnung durch ① auf der Banderole der Seilenden (im Gegensatz zu Halbseilen mit Kennzeichnung (½), die dem extremen Fels- und Eisgeher für Spezialzwecke dienen). **Seillänge** sowohl für Gletschertouren als auch für Felsklettereien und für Eiswände einheitlich **nicht unter 45 m.**

Weitere Kriterien bestimmen die Seilwahl:

- **Sturzzahl (Kantenarbeitsvermögen):** Alle Seile müssen 5 Normstürze bruchfrei überstehen (Fallgewicht 80 kg, Fallhöhe 4,7 m). Seile, die erheblich mehr als 5 Normstürze aushalten (Multisturzseile), sind haltbarer, können mehr Fallenergie bei Belastung über eine Felskante aufnehmen, ihre Lebensdauer ist länger, die Gefahr eines Seilrisses nimmt ab. Multisturzseile sind deshalb anzuraten.
- **Imprägnierung:** Alle Seile nehmen Feuchtigkeit auf, werden dadurch schwerer, unhandlicher, und halten bei Sturzbelastung weniger. Imprägnierte Seile sind deshalb vorzuziehen.

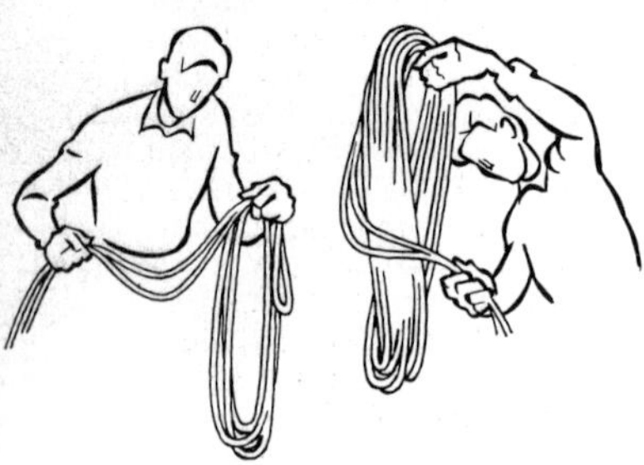
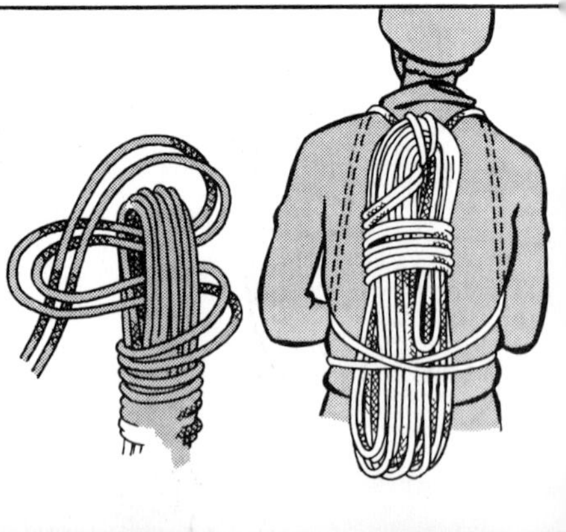

Seilaufnehmen und Tragen auf dem Rücken

- **Krangelfreiheit:** Alle Seilen krangeln mehr oder weniger. Krangelfreie Seile gibt es nicht. Stark krangelnde Seile sind unhandlich und in extremen Situationen gar unbrauchbar. **Krangelarme** Seile sind deshalb immer vorzuziehen.
- **Mantelverschiebung:** Bei Gebrauch kann sich der Mantel gegenüber dem Kern verschieben, was das Seil unhandlich bis unbrauchbar machen kann. Je **geringer** die Mantelverschiebung, desto besser (möglichst Mantelverschiebung **NULL**).

Seilbehandlung

Bergseile sind schonend zu behandeln, das Darauftreten ist möglichst zu vermeiden. Das Trocknen geschieht am besten durch loses Aufhängen in der Luft, nicht in praller Sonne und nicht zu nah am Ofen. Auch zu nahe Bekanntschaft mit Autoheizungen, Chemikalien und deren Dämpfen schadet dem Seil. Zur Aufbewahrung über längere Zeit sind am besten trockene, nicht zu warme Räume geeignet.

Reepschnur und Bänder

Reepschnur- und Bandschlingen werden zu vielerlei Zwecken benötigt. Bewährt hat sich 5 mm dicke Reepschnur als Prusikschlinge und 6 mm und 8 mm dicke sowie 25 mm breites Band, zur Schlinge geknüpft (Länge ungeknüpft ca. 1,70 m). Festigkeitswerte: 5 mm ∅ 5 kN (ca. 500 kp), 6 mm ∅ 7,5 kN (ca. 750 kp), 8 mm ∅ 13 kN (ca. 1300 kp). Bänder sind mit **Festigkeitskennfäden** versehen, pro Kennfaden 5 kN (ca. 500 kp).

Anseilgurte — was ist wichtig?

Normgeprüfte Anseilgurte bieten ein Höchstmaß an Sicherheit. Nur wenn der Fangstoß und die Hängebelastung auf Brustkorb und Becken verteilt werden, können bei einem Sturz optimale Überlebenschancen vorausgesetzt werden. Es empfiehlt sich deshalb die Benutzung von **Brust- und Sitzgurt.** Dabei können beide Gurte zu einem Komplettgurt zusammengefügt sein. Alle normgeprüften Anseilgurte sind entweder in verstellbarer Ausführung oder in unterschiedlichen Größen erhältlich. Anseilgurte mit **Nähten** (in Kontrastfarbe) müssen von Zeit zu Zeit auf mögliche Aufscheuerung überprüft werden.

Die **Größe des Brustgurtes** richtet sich nach dem Brustumfang, ermittelt mit Bekleidung. **Zwischen beiden Anseilschlaufen soll ein Zwischenraum von etwa 2 bis 4 Fingerbreiten sein.** Allen UIAA-geprüften Anseilgurten liegt eine Gebrauchsanweisung bei, aus der hervorgeht, wie anzuseilen ist.

Anseilen ohne UIAA-geprüfte Anseilgurte gilt nur noch als **Notbehelf,** der bei einem Sturz — auch bei einem Spaltensturz — mit anschließendem freien Hängen schnell zu tödlichen inneren Verletzungen führen kann.

Verstellbarer Brustgurt

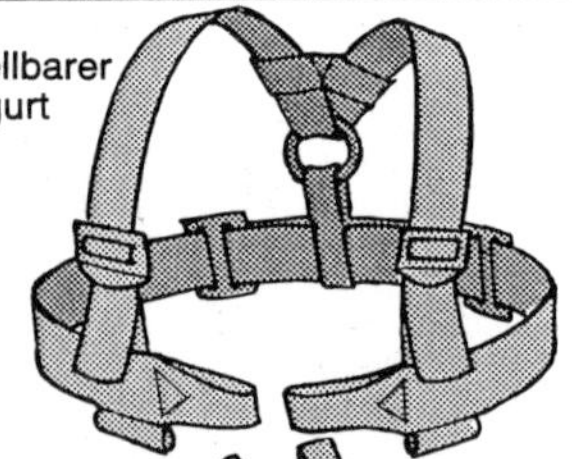

Brustgurt in Achterform

Sitzgurt

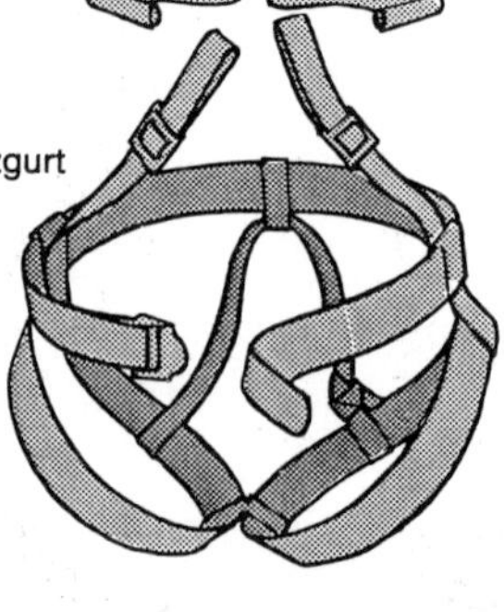

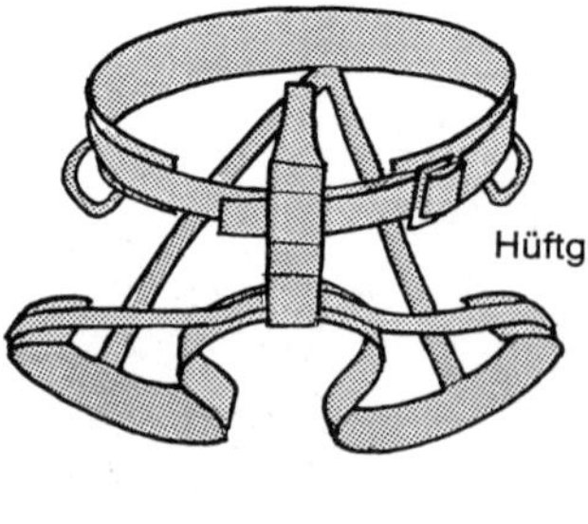

Hüftgurt

Karabiner — welche sind zu wählen?

Normgeprüfte Karabiner besitzen ausreichende Festigkeit, in Längsrichtung mind. 20 kN (ca. 2000 kp), in Querrichtung mind. 6 kN (ca. 600 kp). **Karabiner mit Verschlußsicherung** (Schraubverschluß) verhindern ungewolltes Öffnen. Der Schraubverschluß erhöht die Festigkeit nicht.

HMS-Karabiner sind birnenförmige Karabiner mit Verschlußsicherung für die Anwendung der **Halbmastwurf-Sicherung (HMS).** Pro Seilpartner wird ein HMS-Karabiner benötigt.

Die **Anzahl an Normalkarabinern** richtet sich nach der Art der Klettertour und nach ihrer Schwierigkeit, etwa wie folgt:

im Fels

Schwierigkeitsgrad I–II	etwa 5 bis 6 Karabiner/Seilschaft
Schwierigkeitsgrad III–IV	etwa 8 bis 10 Karabiner/Seilschaft

im Eis

für Gletscheranstiege	etwa 5 bis 6 Karabiner/Seilschaft
für Firn- und Eisflanken	etwa 8 bis 10 Karabiner/Seilschaft

Klettersteigkarabiner (mit Verschlußsicherung) und großer Schnapperöffnung dienen zum Selbstsichern an stabilen Verankerungen von Klettersteigen (Stahlstifte, Stahlösen, Leitern usw.).

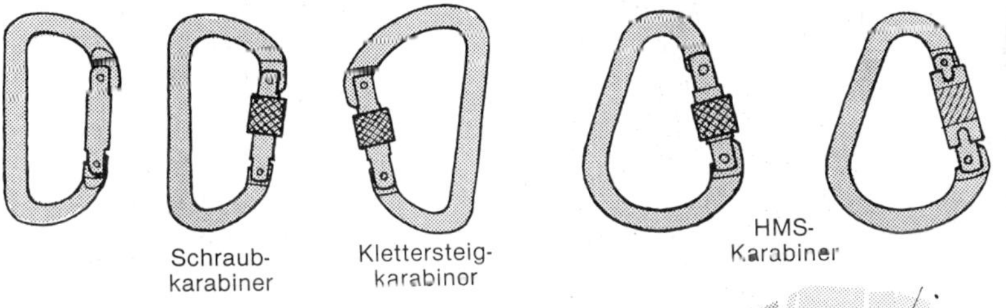

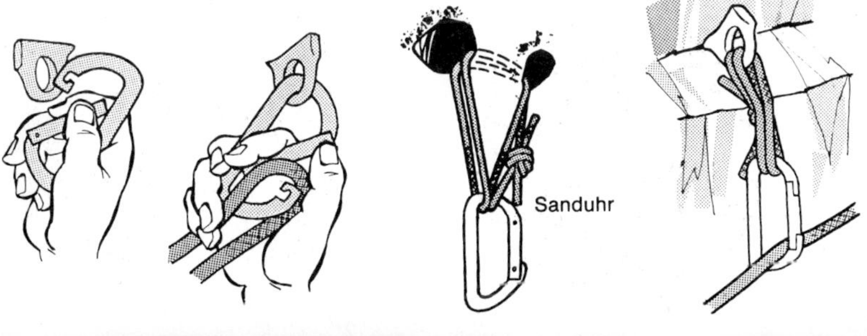

Felshaken — und wie man sie setzt

Der konische Schaft wird in Felsrisse getrieben, Hakenform und -material müssen der Gesteinsart und Rißform angepaßt sein. Für die Hakenwahl sind ausschlaggebend: Gestein, Schwierigkeitsgrad, Länge und Begehungshäufigkeit der Route, etwa wie folgt:

Gestein	**Hakenmaterial**	**Hakenform**
Kalk und andere weiche Gesteine wie Porphyr, Sandsteine usw.	2/3 Weichstahlhaken 1/3 Hartstahlhaken	2/3 Querhaken 1/3 Profilhaken
Granit und andere harte Gesteine wie Quarzit Basalt usw.	1/3 Weichstahlhaken 2/3 Hartstahlhaken	1/3 Querhaken 2/3 Profilhaken

Begehungshäufigkeit	**Hakenanzahl**
Modetouren	2 bis 3 Haken pro Seilpartner für Notfälle und Klemmkeile
wenig begangene Führen	3 bis 10 Haken pro Seilpartner und Klemmkeile
selten begangene Führen	hier gelten eigene Regeln, die sich nicht ohne weiteres pauschalieren lassen

Richtig plazierte Haken können folgende **Haltekraftwerte** erreichen: Weichstahlhaken bis 800 kp, Hartstahlhaken bis 2000 kp.

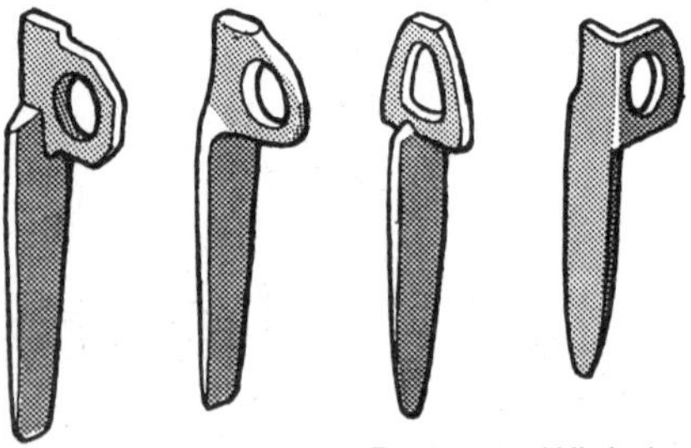

Querhaken Dreh-moment-haken Winkel-haken

für schmale Risse

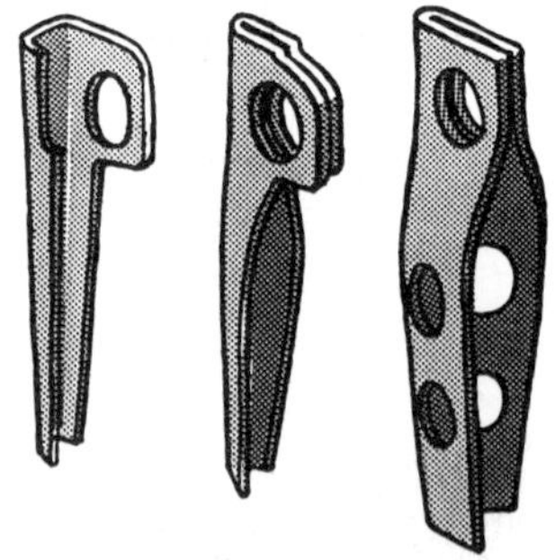

U-Haken V-Haken Bong

für breite Risse

Beim Hakensetzen kann die **Rißtiefe** und die **innere Rißbreite** nur mit den ersten Hammerschlägen „erfühlt“ werden:

- „Zieht“ der Haken mit jedem Schlag **zügig tiefer**, so ist er hinsichtlich Länge und Schaftstärke **richtig** gewählt.
- Sitzt der Haken schon nach wenigen Schlägen mit der Öse am Fels auf, ist er zu kurz und im Querschnitt zu schwach. Ein längerer und etwas stärkerer muß gewählt werden.
- Läßt sich der Haken auch mit kräftigen Schlägen nicht weiter eintreiben, obwohl die Öse noch nicht aufsitzt, ist er zu lang oder im Querschnitt zu dick. Ein kürzerer und schwächerer paßt eher.
- Es ist besser, einen kürzeren Haken bis zur Öse einzutreiben als einen längeren, der aus dem Riß herausschaut (Hebelwirkung).

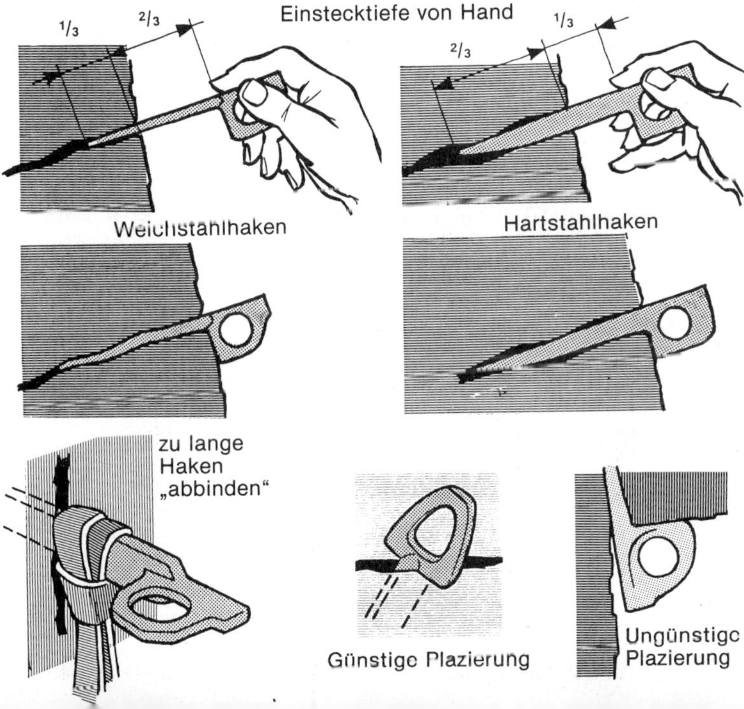

Klemmkeile — und wie man sie legt

Klemmkeile halten nur an **Rißverengungen.** Sie werden in den Riß gelegt und mit Handkraft festgezogen. Am sichersten klemmen **Rocs** und **Saddlewedges** (größere Klemmfläche). Bei Klemmkeilen mit Bohrungen für Reepschnur-, Band- oder Seilschlinge muß aus Festigkeitsgründen die **größte Schlingenstärke** gewählt werden. Drahtkabelschlingen sind **nicht** in jedem Fall stückgeprüft (Haltbarkeit nicht gewährleistet). Richtig plazierte Klemmkeile können die Haltekraftwerte gut gesetzter Haken erreichen.

Auch **Klemmblöcke,** die im Riß verklemmt sind (auf sicheren Sitz prüfen), können zu Sicherungszwecken benutzt werden. Reepschnur- bzw. Bandschlinge nicht zu schwach wählen (Felskanten) und zwischen Klemmblock und Rißwand zur Anlage bringen (günstigste Belastung).

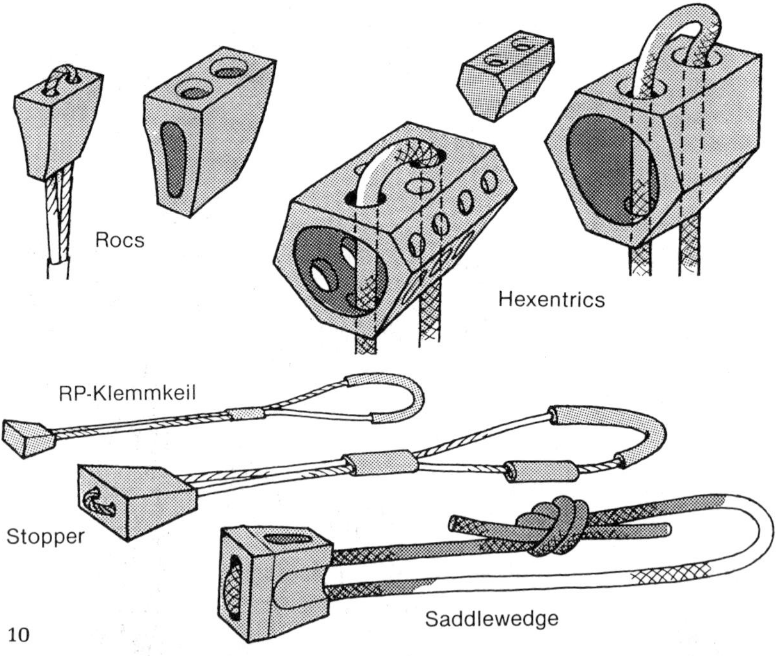

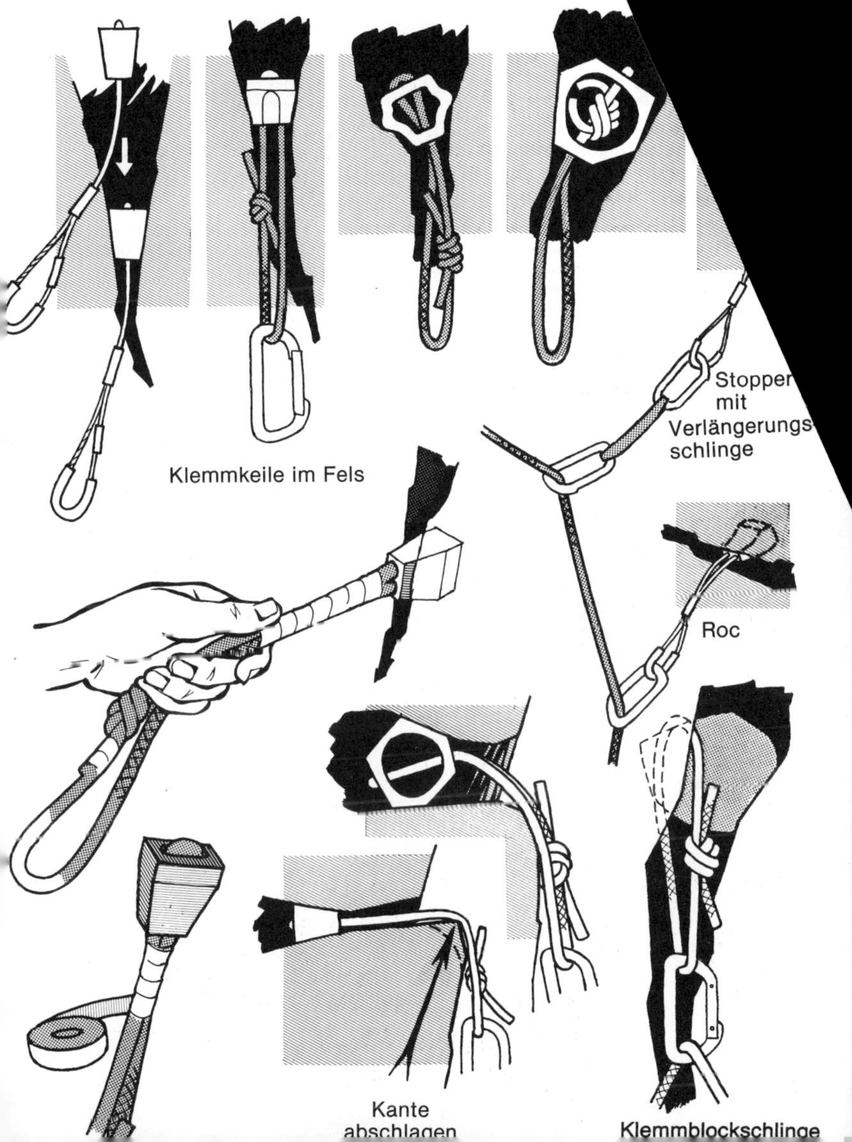
Klemmkeile im Fels
Stopper mit Verlängerungsschlinge
Roc
Kante abschlagen
Klemmblockschlinge

ie werden sie geknüpft?

mit den wenigen, nachfolgend aufgeführ-
nere Beherrschung ist Voraussetzung. Es
beachten:

n auch bei **Dunkelheit** und unter **Zeitdruck** si-
verden können, die Anseilknoten auch bei **spie-**
Betrachtungsweise (am Gefährten).

en sofort nach dem Knüpfen kräftig festziehen. Dabei
die Enden **nicht zu kurz** ausfallen: Seil- und Reepschnur-
n nicht kürzer (gemessen in Zentimetern) als der Durchmes-
r (gemessen in Millimetern). Bandenden nicht kürzer als drei-
bis vierfache Bandbreite.

Anmerkung: Die Knotenfestigkeit aller Seile ist so hoch, daß ein Seilriß im Knoten auch bei größter in der Praxis auftretender Sturzbelastung nicht möglich ist. Dies gilt nicht für Reepschnur- und Bandmaterial.

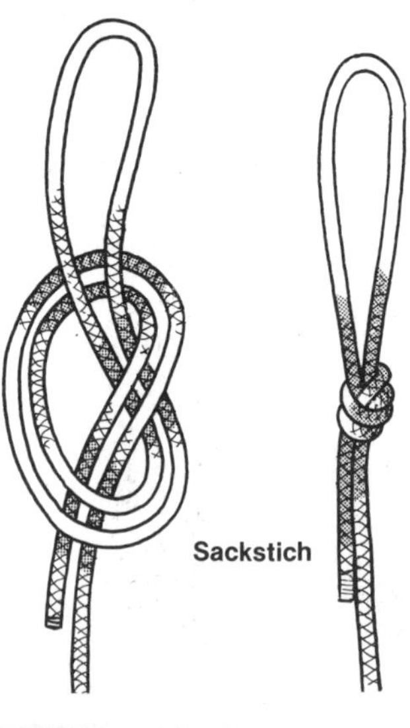

Sackstich

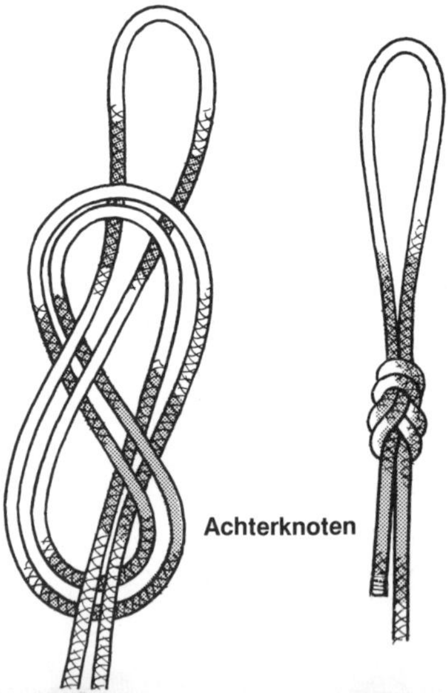

Achterknoten

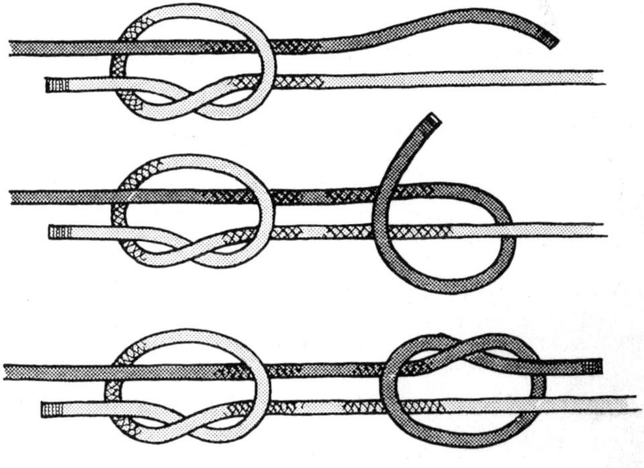

Spierenstich

Mastwurf

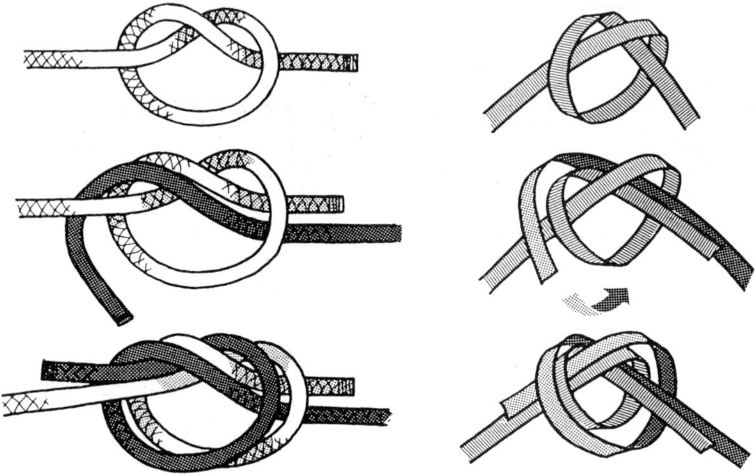

Bandschlingenknoten

Schleifknoten

zum Fixieren eines belasteten
Seiles (Sturz, hängen)

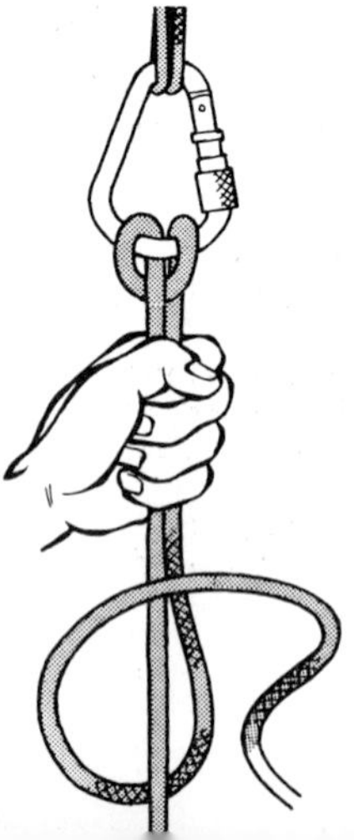

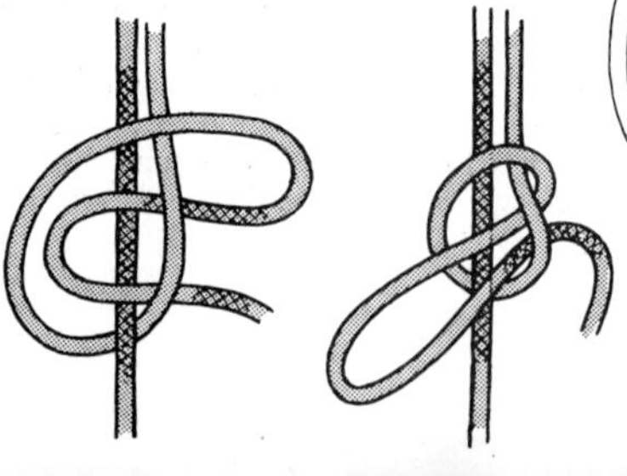

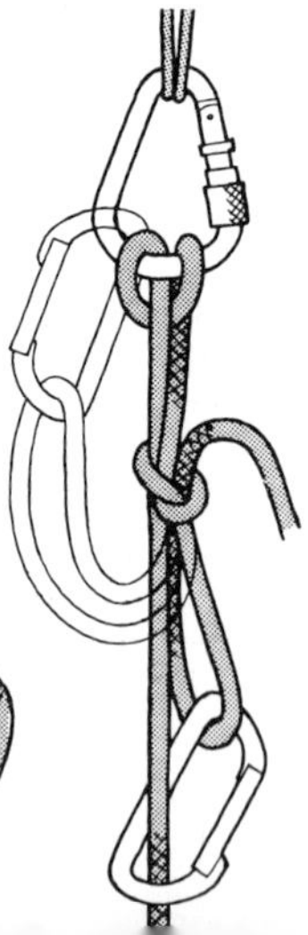

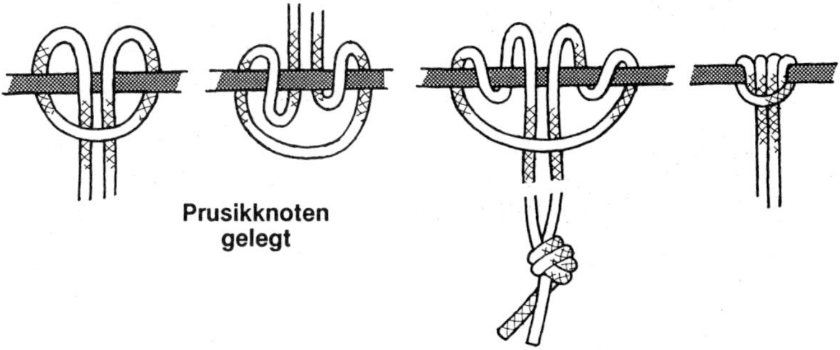

Prusikknoten
gelegt

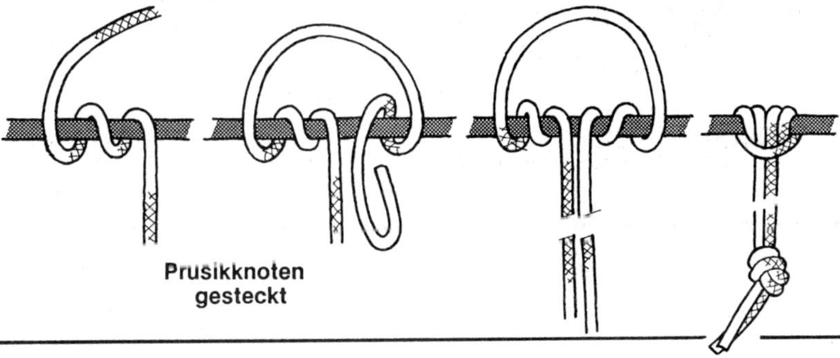

Prusikknoten
gesteckt

Prusikknoten

Klemmknoten, der sich — um ein fixiertes Seil gelegt — bei Belastung festzieht (klemmt), während er sich bei Entlastung am Seil verschieben läßt.
Der Reepschnurdurchmesser muß in **bestimmtem Verhältnis** zum Seildurchmesser stehen, andernfalls **keine** Klemmwirkung. Es gilt: **Reepschnurdurchmesser ungefähr gleich halber Seildurchmesser!** Am besten eignet sich 6 mm starke Reepschnur.
Sind Seil und Reepschnur naß oder vereist, muß eine Seilumschlingung mehr angelegt werden; andernfalls ist keine ausreichende Klemmwirkung gewährleistet.

Die Seilschaft im Fels

Das Angeseiltsein allein bietet noch keine Sicherheit vor einem Absturz. Erst die sicherungstechnisch richtige Anwendung des Seiles kann den größeren Sturz eines Kletterers und den Absturz der ganzen Seilschaft verhindern.

Doch auch der durch richtige Seilsicherung abgefangene Sturz kann für den Stürzenden schon höchst gefährlich werden und auch tödlich enden (Aufschlagen auf Fels). Deshalb immer möglichst **sicher und etwas unterhalb der Leistungsgrenze** klettern. Nur in unmittelbarer Nähe einer verläßlichen Sicherung darf eine deutliche Annäherung an die Sturzgrenze gewagt werden.

Die **Zweierseilschaft** bildet im Fels die Regel. Beide Seilpartner sollen etwa gleich leistungsfähig sein. So kann im Ernstfall jeder der Gefährten jederzeit die vollständige Führung übernehmen.

Die Zweierseilschaft geht „überschlagend", solange beide Seilpartner dazu in der Lage sind. Seltener ist die Zweierseilschaft mit einem ausgeprägten Nachsteiger, der nur als Seilzweiter klettert. Der Seilerste (Vorsteiger) trägt dann die Hauptlast der Verantwortung. Gleiches gilt für Führerseilschaften.

Beim Klettern muß **jeder** Seilpartner **jederzeit** gesichert sein. Dazu dienen die **Gefährtensicherung** und die **Selbstsicherung.** Beide unterscheiden sich wie folgt:

- **Gefährtensicherung** = Sicherung des Gefährten (mit HMS) vor Absturz
- **Selbstsicherung** = eigene Sicherung (mit Sackstich oder Mastwurf) vor Absturz.

Gleichzeitiges Gehen am Seil beinhaltet immer die Gefahr des **Mitgerissenwerdens** und damit die Absturzgefahr der ganzen Seilschaft. Das Seil überträgt die Belastung nur von einem Seilende auf das andere. Es verhindert in diesem Fall nicht den Sturz und damit keinen Absturz.

Oben: Gratkletterei am Kleinen Winkelkogel (Hochschwab).
Unten links: Standplatzwechsel im Fels (Untersberg).
Rechts: Im Kalkfels des Frankenjura.

Anseilen der Seilschaft im Fels

Beim Anlegen von separatem Brust- und Sitzgurt, ebenso wie eines Anseilkomplettgurtes gilt:

- Brustgurt **eine Handbreit** unter den Achseln anlegen! Schultergurte entsprechend verstellen (tiefer angelegte Brustgurte können bei Sturzbelastung zu Rippenbrüchen führen, höher angelegte beim Hängen zu Atemnot).
- Brustgurtumfang so wählen oder so einstellen, daß die Anseilschlaufen vor der Brust einen Abstand von **2—4 Fingerbreiten** aufweisen (zu klein gewählte Brustgurte belasten den Oberkörper unnötig und führen bei freiem Hängen ebenfalls zu Atemnot).
- Sitzgurt bequem einstellen und anlegen. Der Sitzgurt soll nicht von der Hüfte rutschen können.
- Anseilen unterschiedlich, je nachdem ob ein Sitzgurt oder ein Hüftgurt verwendet wird.

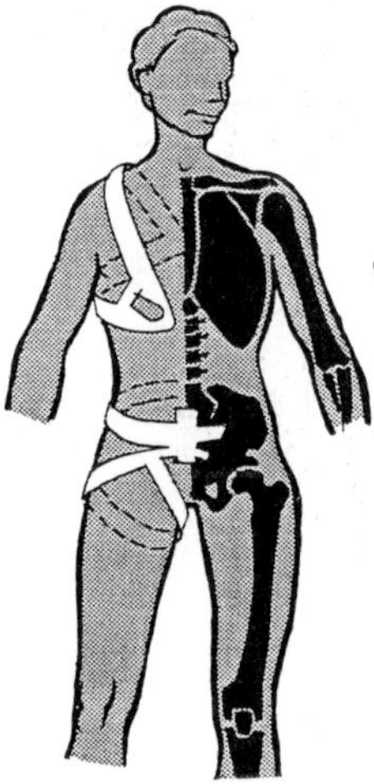

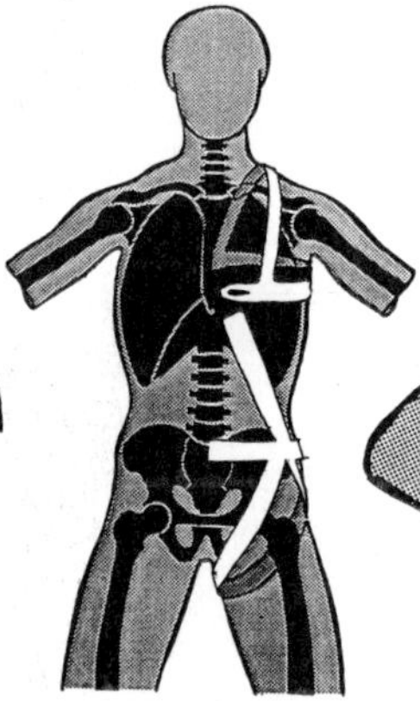

Anseilen mit Brust- und Sitzgurt

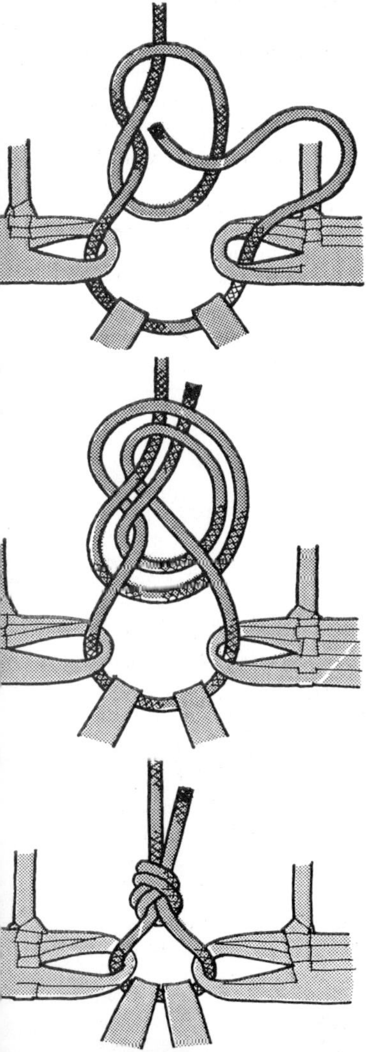

Anseilen mit Brust- und Hüftgurt

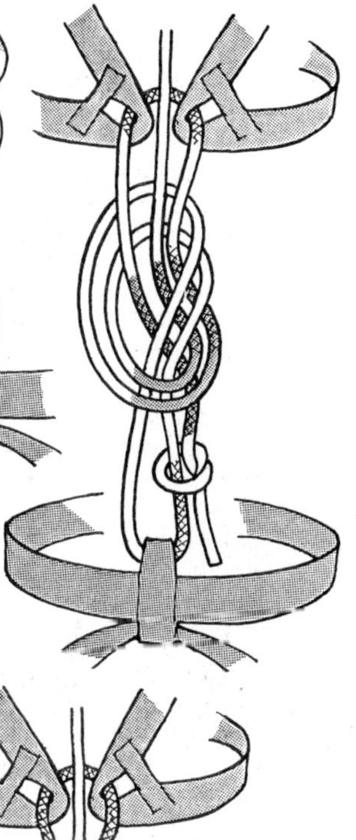

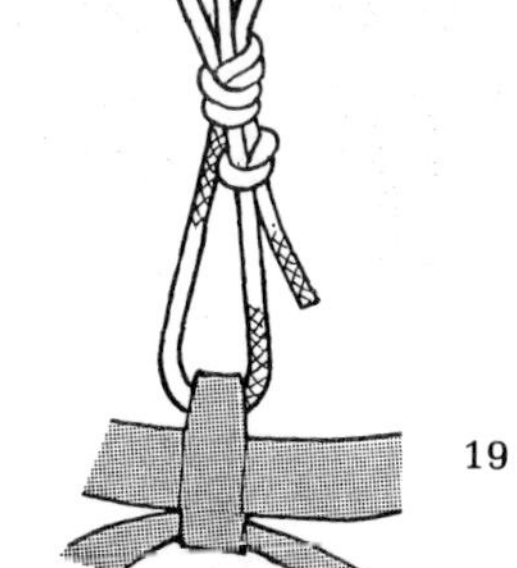

Standplatz im Fels — wie wird er eingerichtet?

Am Standplatz muß ein **ausreichend sicherer Fixpunkt** vorhanden sein oder geschaffen werden, an dem die Sicherung der Seilschaft (Gefährtensicherung und Selbstsicherung) erfolgt.

- **Felshaken**
- **Klemmkeile,** Belastung nur in der dafür vorgesehenen Richtung!
- **Sanduhren**
- **Felsköpfel,** Belastung nur nach unten, nicht nach oben!

Der Fixpunkt muß in **allen,** den Sicherungssituationen angepaßten **Sturzzugrichtungen** belastbar sein, gegebenenfalls nach unten, nach oben und in seitlicher Richtung.

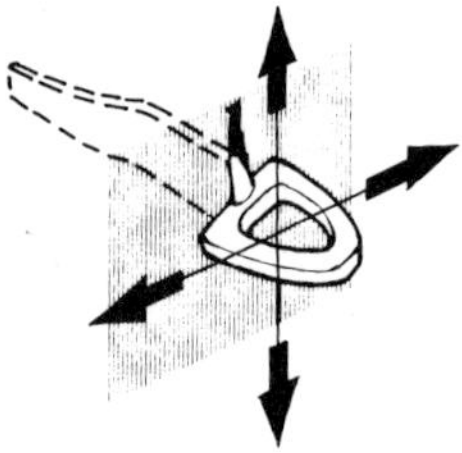
Belastung in alle Richtungen möglich

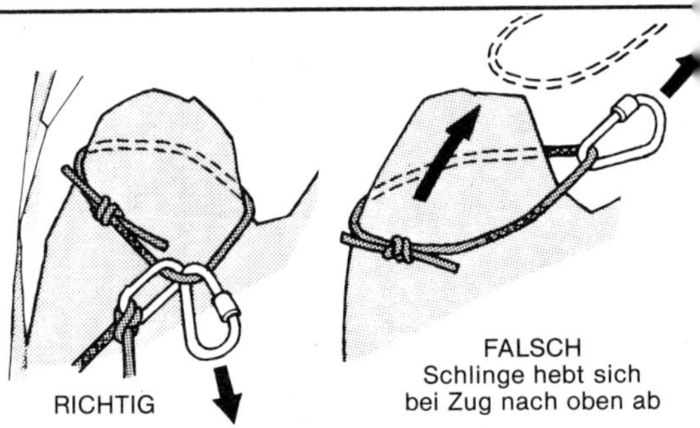

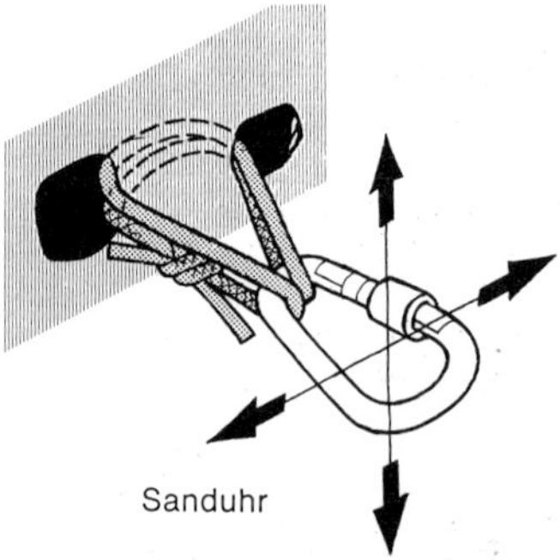
Sanduhr

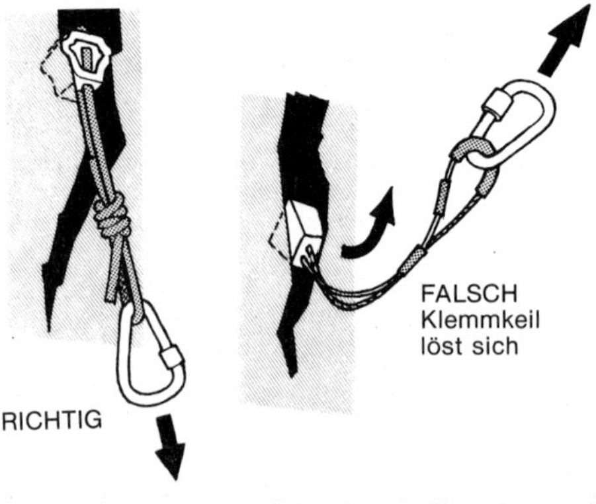

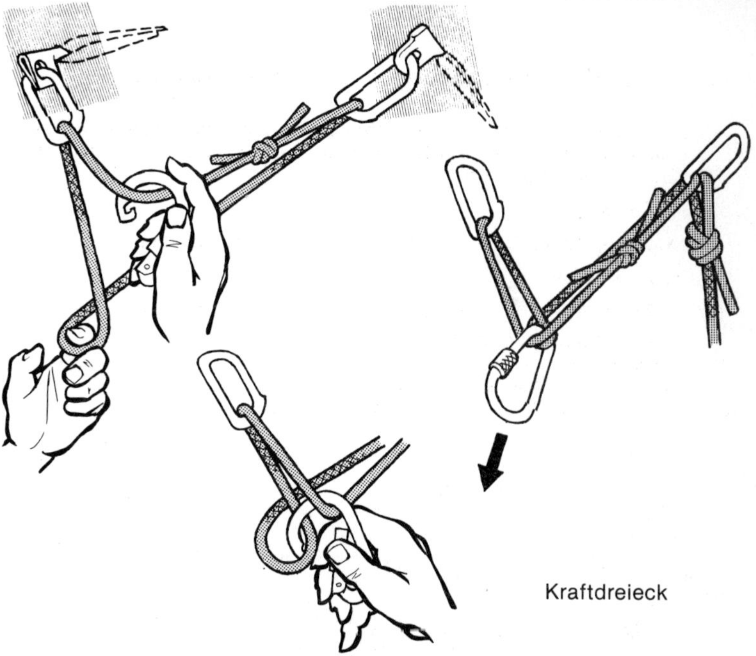

Kraftdreieck

An Standplätzen vorgefundene Fixpunkte müssen auf ausreichende Haltbarkeit (Festigkeit, sicherer Sitz) überprüft werden. Dies muß durch Augenschein und Abschätzen erfolgen (Erfahrung erforderlich).

Erscheint ein Fixpunkt **nicht** sicher genug, muß ein **zweiter, gegebenenfalls ein dritter** angebracht werden. Verbindung der Fixpunkte zu einem **zentralen Fixpunkt** durch das **Kräftedreieck**, das mit einer längeren Schlinge auf drei Fixpunkte erweitert werden kann.

Ist ein Fixpunkt nur in **einer** Sturzzugrichtung belastbar (Klemmkeil, Felsköpfel) und können weitere Sturzzugrichtungen auftreten, muß ein **zweiter,** in diesen möglichen Sturzzugrichtungen belastbarer Fixpunkt geschaffen werden.

Von der sicheren Haltbarkeit der Fixpunkte am Standplatz hängen die Überlebenschancen der ganzen Seilschaft ab!

Halbmastwurfsicherung — wie funktioniert sie?

Der **HMS-Karabiner** wird **nicht** direkt in den Sicherungspunkt (Haken) eingehängt, sondern mit einer **kurzen Reepschnur- oder Bandschlinge** (mindestens 7 mm ∅ bzw. bei Band mindestens 20 mm breit (oder zwei Kennstreifen), Länge ungeknüpft ca. 1 m). Durch diese Schlinge ist freie Beweglichkeit des Karabiners in alle möglichen Sturzzugrichtungen gewährleistet. Bei Verwendung des Kraftdreiecks ist keine weitere Schlinge erforderlich.

Seilausgeben und -einholen mit je einer Hand an je einem Seilstrang. Die Hand am freien Seilstrang (Hand hinter der Bremse) ist die **Bremshand.** Die Hand am zum Gesicherten führenden Seilstrang ist die **Führungshand,** sie dient nur zur Führung des Seiles. Zwischen Seilausgeben und -einholen bzw. umgekehrt muß die Bremsschlinge von der einen Seite des HMS-Karabiners durch diesen auf die andere Seite gezogen werden.

Stürzt der Gesicherte, muß die Bremshand **reflexartig** kräftig um das Bremsseil geschlossen werden! Bei hohen Stürzen ist ein **Bremshandschuh** (Lederhandschuh) zum Schutz der Bremshand gegen Verbrennungen empfehlenswert.

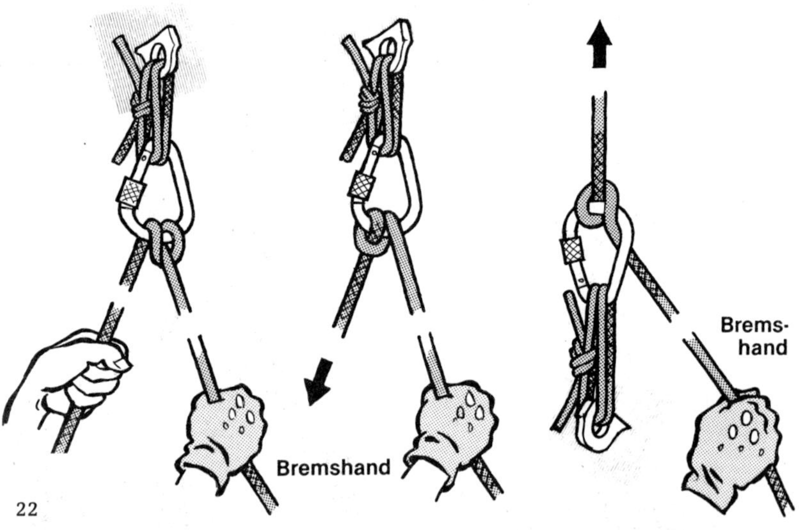

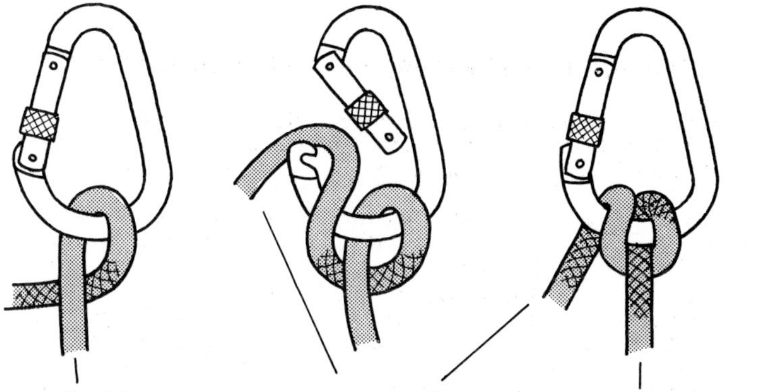

Es wird **nicht** unterschieden zwischen der Sicherung des vorauskletternden Seilersten und der des nachkommenden Seilzweiten. Es wird immer gleich verfahren!

Die **Selbstsicherung** erfolgt mit Karabiner und Mastwurf oder Sackstich am Fixpunkt, bei mehreren Fixpunkten am sichersten.

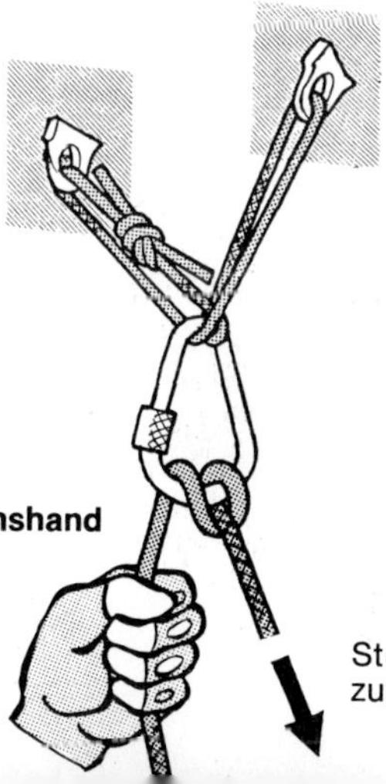

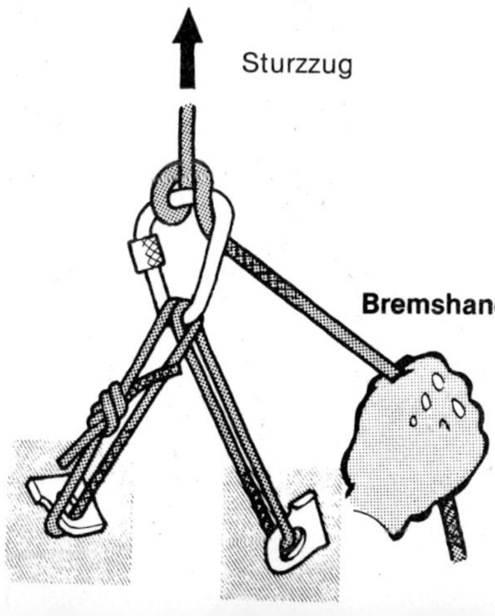

Fortbewegung und Seilkommandos der Seilschaft

Sind Kletterer mit dem Seil zur Seilschaft verbunden, soll nur nach den Regeln einwandfreier Seilsicherung gegangen werden. Gleichzeitiges Gehen am Seil bietet **keine** Sicherung, es beinhaltet im Steilgelände immer die Gefahr des **Absturzes der ganzen Seilschaft.** Stürzt ein Seilpartner, reißt er den anderen mit. Das Seil überträgt **nur** die Belastung vom einen Seilende auf das andere.

Bei der **Zweierseilschaft** bewegt sich immer nur **ein Seilpartner am Fels, während er vom anderen gesichert wird.**

Der **sichernde Seilzweite** muß während des Seilausgebens darauf achten, daß er jederzeit **genügend Seilreserve** für das Abfangen eines möglichen Sturzes behält. Je nach voraussichtlicher Sturzhöhe (und damit zu erwartender Fallenergie) muß die Seilreserve wenigstens 2 bis 3 m betragen.
Seilkommandos innerhalb einer Seillänge wie rechts gezeigt.

Fortbewegung der Zweierseilschaft

Stand
Nach-
kommen
noch 10 m
Seil aus

Standplatzwechsel — worauf ist zu achten?

Wird **überschlagend** geklettert, ist **kein** Wechsel am Standplatz erforderlich. Der Seilzweite klettert am Seilersten vorbei und übernimmt so die Führung. An der Gefährtensicherung wird nichts geändert. Sie erfolgt nahtlos.

Wird **nicht überschlagend** geklettert (führt der Seilerste auch die nächste Seillänge), muß **Standplatzwechsel** erfolgen. Dies darf nur so geschehen, daß jeder jederzeit gesichert oder selbstgesichert ist. Ablauf wie folgt:

- Am Standplatz angekommen, **legt der Seilzweite seine Selbstsicherung an,** während er noch vom Seilersten gesichert wird.

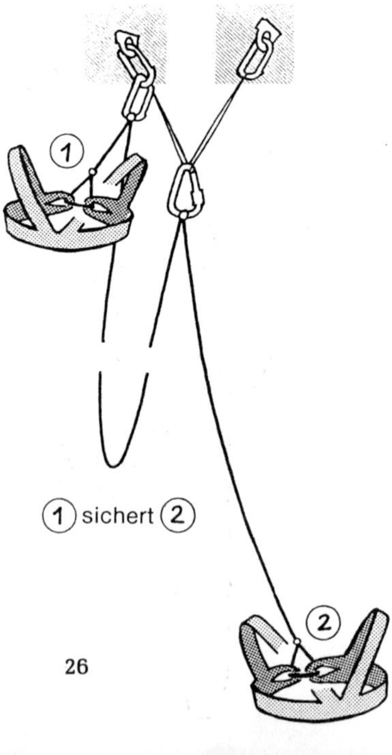

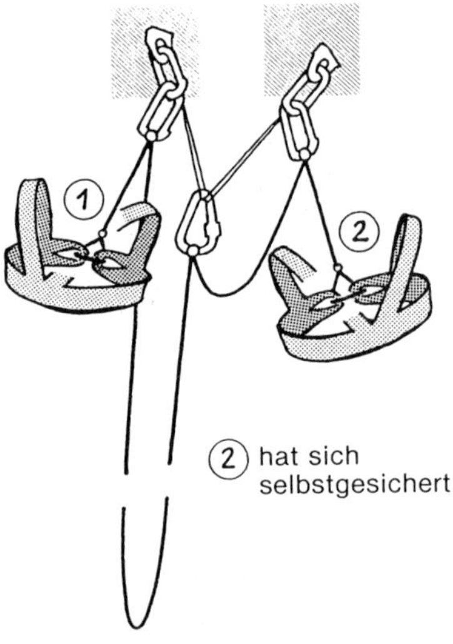

- Sodann erst wird die **Gefährtensicherung des Seilzweiten gelöst.**
- Der Seilzweite übernimmt die **Gefährtensicherung des Seilersten.**
- Erst **danach löst der Seilerste seine Selbstsicherung** und beginnt mit dem weiteren Aufstieg.

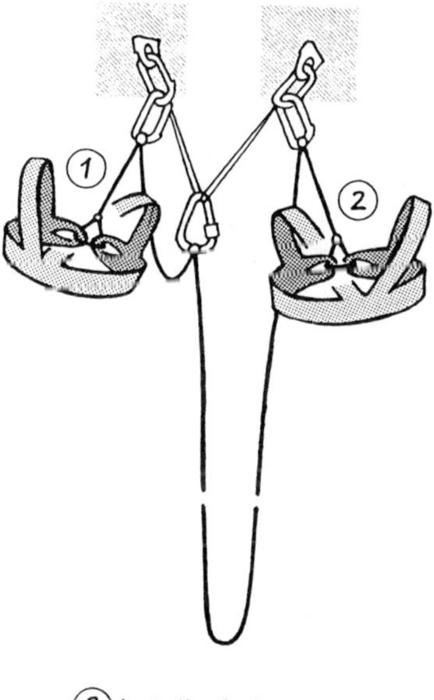

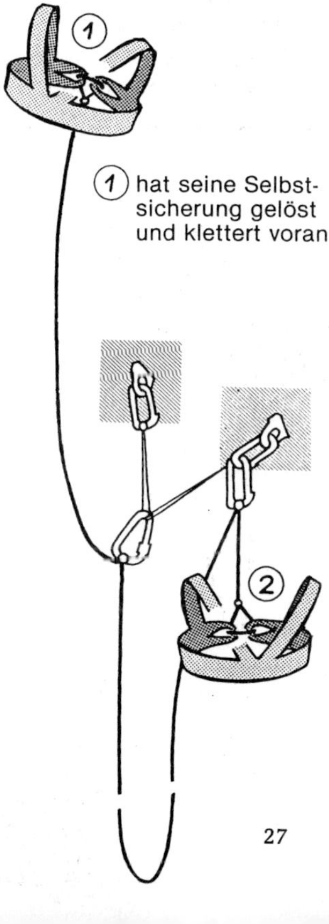

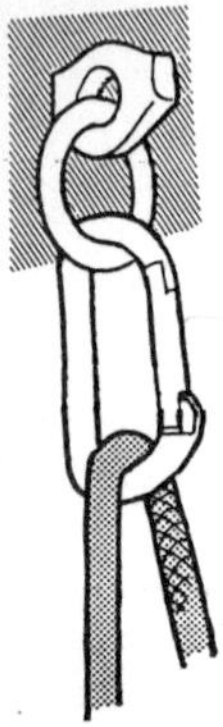

Umlenkung so plazieren, daß das Seil möglichst wenig Reibung erfährt (Seilschädigung)

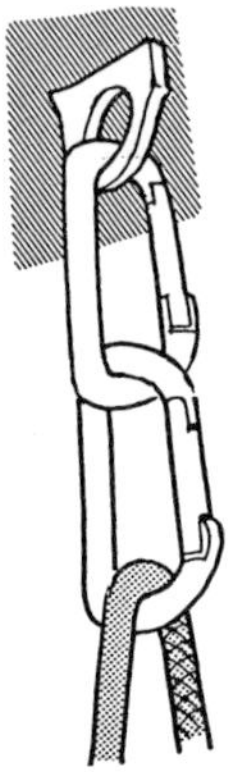

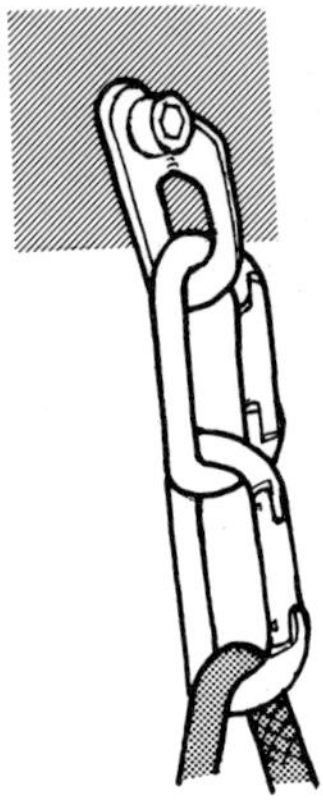

Topropesichern — wie funktioniert das?

Die Topropesicherung dient zur Sicherung im Klettergarten, maximale Kletterhöhe = halbe Seillänge; bei Verwendung von zwei Seilen = eine Seillänge. Der Kletternde wird über einen **Umlenkfixpunkt** (Haken, Klemmkeil, Sanduhr, usw.) gesichert.
Für die Seilauflage am Umlenkfixpunkt muß ein Karabiner verwendet werden, der rechtwinklig zum Fels hängen soll. Nur so läßt sich das Seil am leichtesten bedienen, nur so wird es am wenigsten strapaziert (Felsreibung). **Achtung! Keinesfalls eine Reepschnur als Seilauflage verwenden.** Beim Ablassen tritt **Schmelzverbrennung auf**, die schon nach wenigen Ablaßmetern zum **Riß** führt.
Die Sicherung erfolgt mit HMS oder Abseilachter **am Körper**, am bequemsten an der Anseilschlaufe des Hüftgurtes. Die Körpersicherung ist in dieser Situation vertretbar, da **keine freie Fallhöhe** auftritt und der Umlenkfixpunkt aufgrund der starken Seilumlenkung **sehr viel Reibung** erzeugt und so viel Fallenergie (Seildehnung) aufnimmt. Beim Sichern auf folgendes achten:

- **Der Sichernde soll nicht wesentlich leichter sein als der Kletternde** (Unterschied maximal 10 kg), andernfalls kann es den Sichernden in die Höhe lupfen (Gefahr des Seilauslassens).
- **Der Sichernde soll sich nicht allzu weit von der Fallinie des Umlenkpunktes entfernen** (nicht wesentlich mehr als rechts gezeigt); andernfalls kann es ihn etwas in Richtung Wand lupfen (Gefahr des Seilauslassens).

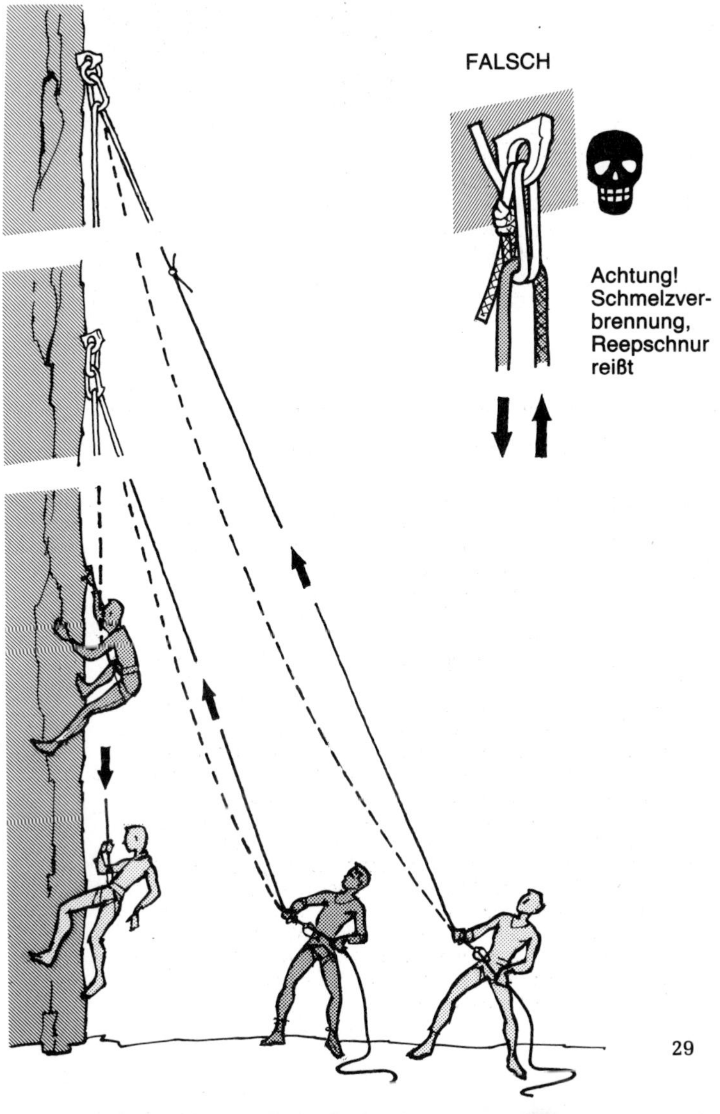
FALSCH
Achtung!
Schmelzverbrennung,
Reepschnur
reißt

Selbstsicherung am fixierten Seil

Sie dient zur Sicherung beim Klettern an kleineren Felswänden (Kettergarten), maximale Höhe = Seillänge.

Das Seil wird oben **sicher befestigt** (Haken, Klemmkeil, Baum usw.) und soll **nicht** über scharfe Felskanten laufen. Dort, wo es am Boden aufliegt, wird es mit einem kleinen Gewicht (etwa 1 bis 2 kg, kleiner Rucksack, starker Baumast usw.) beschwert. Dies erleichtert das Verschieben der Steigklemme am Seil.

Der Kletterer sicher sich mit einer Steigklemme, System **Jümar** (am besten eignet sich die kleine Petzl-Steigklemme, Größe B8).

Die Steigklemme wird am **Sitzgurt** befestigt. Auf vertikalem Sitz der Steigklemme am senkrechten Seil achten.

Nach dem Einhängen des Seiles muß die Sperre geschlossen werden (bei den meisten Steigklemmen erfolgt dies selbsttätig, Federmechanismus).

Vor Kletterbeginn das Sicherungssystem durch kleinen Rutscher ins Seil über **sicherem Boden erproben!** Auf annähernd geradlinigen Aufstieg in Seilfallinie achten. **Keine extremen Pendelstürze riskieren!**

Beim Aufwärtsklettern schiebt sich die Steigklemme am Seil höher. Bei einem Sturz blockiert sie. **Achtung!** Größere freie Fallhöhe vermeiden, mögliche Bruchgefahr der Steigklemme.

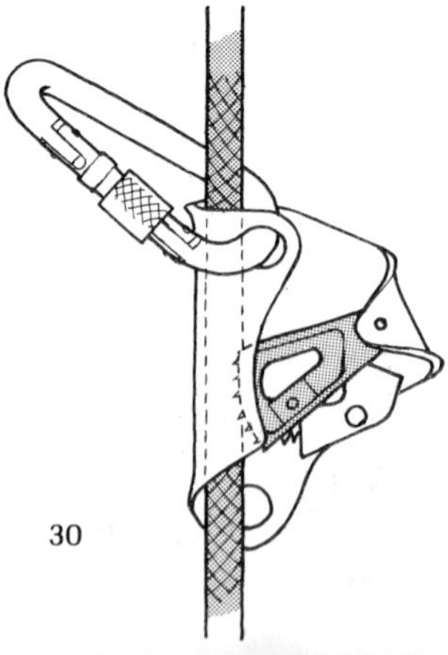

Geringes Gewicht
zum Beschweren
des Seiles

Abseilen — wie geht das vor sich?

Abseilstellen erfordern immer einen **sicheren Abseilfixpunkt.** Belastung beim Abseilen bis zum **Dreifachen** des Körpergewichts. Als **natürliche** Abseilfixpunkte können dienen:

- **Felsköpfel**
- **Sanduhren**

Zuerst auf Festigkeit prüfen! Scharfe Felskanten mit dem Hammer runden. Reepschnurschlingen nicht unter 6 mm Durchmesser, Bandschlingen nicht unter 20 mm Breite (oder zwei Kennstreifen) verwenden. Verbindung zur Schlinge mit Bandschlingenknoten. **Vorsicht bei vorgefundenen Abseilschlingen!** Aus Sicherheitsgründen müssen ältere oder beschädigte ausgewechselt werden. Ist **kein** natürlicher Abseilfixpunkt vorhanden, muß ein solcher geschaffen werden. Dazu dienen:

- **Felshaken**
- **Klemmkeile**

Auf ausreichend sicheren Sitz achten! Um das Seil nach dem Abseilvorgang besser abziehen zu können, wird die Hakenöse durch eine kurze Reepschnur- oder Bandschlinge „verlängert". Reicht die Haltbarkeit eines Hakens oder Klemmkeils vermutlich nicht aus, muß ein zweiter geschaffen werden. Die Verbindung der beiden ist

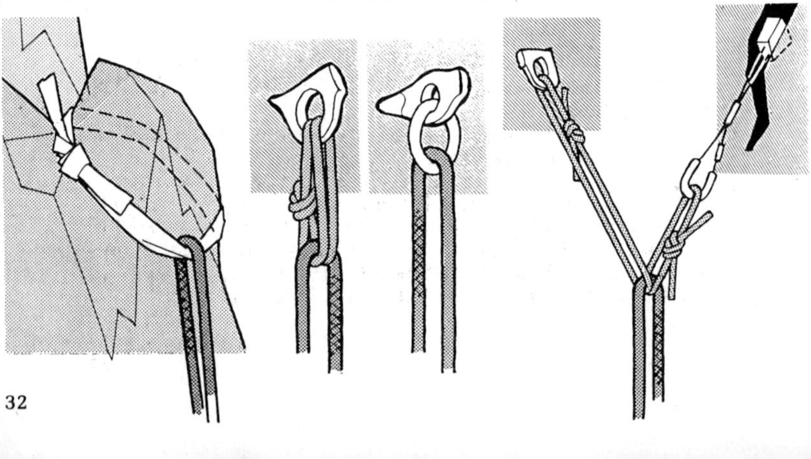

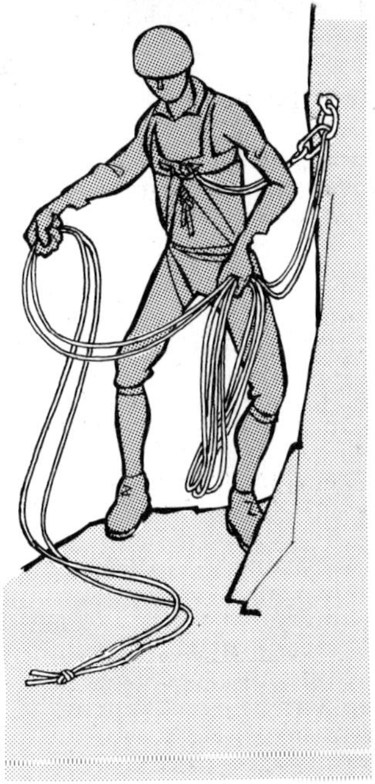

durch Reepschnur- oder Bandschlinge so herzustellen, daß sie unter möglichst spitzem Winkel belastet werden (geringere Belastung jedes Fixpunktes).

Das Seil wird durch die am Abseilfixpunkt(-fixpunkten) befestigte Abseilschlinge so weit durchgezogen, daß sich die **Seilmitte** am Fixpunkt befindet. Die Seilenden werden mit dem Sackstich verknotet. Das Seil wird sodann von den Enden her in **armlangen Schlingen** aufgenommen, die letzten Schlingen (diejenigen vor dem Abseilfixpunkt) oben auf. **Dann werden die Seilschlingen gemeinsam in hohem Bogen aus der Wand geworfen.** Verhängt sich das Seil dabei oder bildet sich „Seilsalat“, muß es wieder aufgezogen und besser hinabgeworfen werden.

Abseilvorgang

Fertig zum Abseilen, im Abseilsitz sitzend, wird vom Abseilfixpunkt so weit **abgestiegen,** bis sich der Abseilfixpunkt wenigstens in Kopfhöhe oder etwas höher befindet. Erst dann beginnt die Abseilfahrt.

Während des Abseilens sind die Beine **leicht federnd gegen den Fels zu spreizen,** um dem unangenehmen Pendeln vorzubeugen.

Auf die Funktion der Hände ist wie folgt zu achten:

Hand am **straffen Seil** = **Führungshand,** die den Oberkörper in aufrechter Lage hält; wird von Anfängern häufig als Bremshand benutzt (Funktion verfehlt, sehr anstrengend).

Hand am **losen Seil** = **Bremshand,** die die Abseilgeschwindigkeit reguliert; **starkes Bremsen** = langsames Abseilen bis hin zum Anhalten; **weniger starkes Bremsen** = schnelleres Abseiltempo.

Vorsicht vor zu schnellem Abseilen! Es wird warm an den Händen und kann zu Hautverbrennungen führen. Schnelles Abseiltempo schadet dem Seil (Erwärmung, der Abseilachter kann kurzzeitig bis zu 100 °C heiß werden). Zu langsames Abseilen ist kraftraubend.

Abseilen an der Untersberg-Südwand (Berchtesgadener Alpen), während einer Rettungsübung.

Abseilen mit Abseilachter

Einfachstes und angenehmstes Abseilen. Die notwendige Seilreibung wird im Abseilachter und durch die Bremshand (Hand unterhalb des Abseilachters) erzeugt. Auch bei nassen Seilen von allen Abseilmethoden noch die beste (beim Abseilen mit HMS starke Krangelbildung).

Eine Schlinge des Abseilseiles wird durch die größere Öse des Abseilachters geführt und über die kleinere gelegt. Eine Hand dient als **Führungshand**, die andere als **Bremshand. Karabiner mit Verschlußsicherung** (z. B. Schraubkarabiner) **verwenden**, andernfalls zwei Karabiner spiegelbildlich zueinander einhängen.

Nach dem Abseilvorgang Abseilachter sofort aus dem Seil aushängen, da sehr heiß (Schädigung des Seiles, Perlon!).

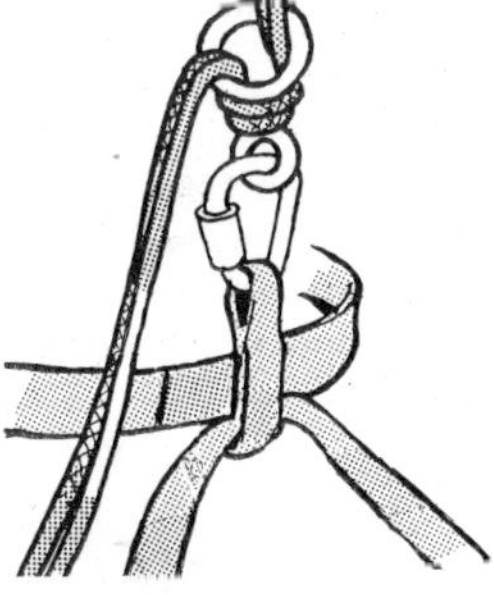

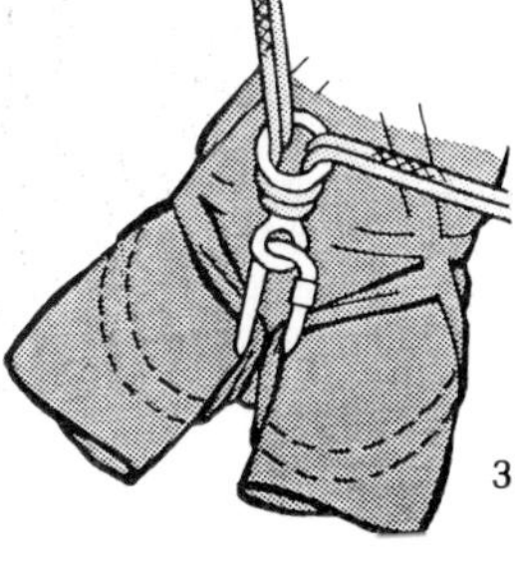

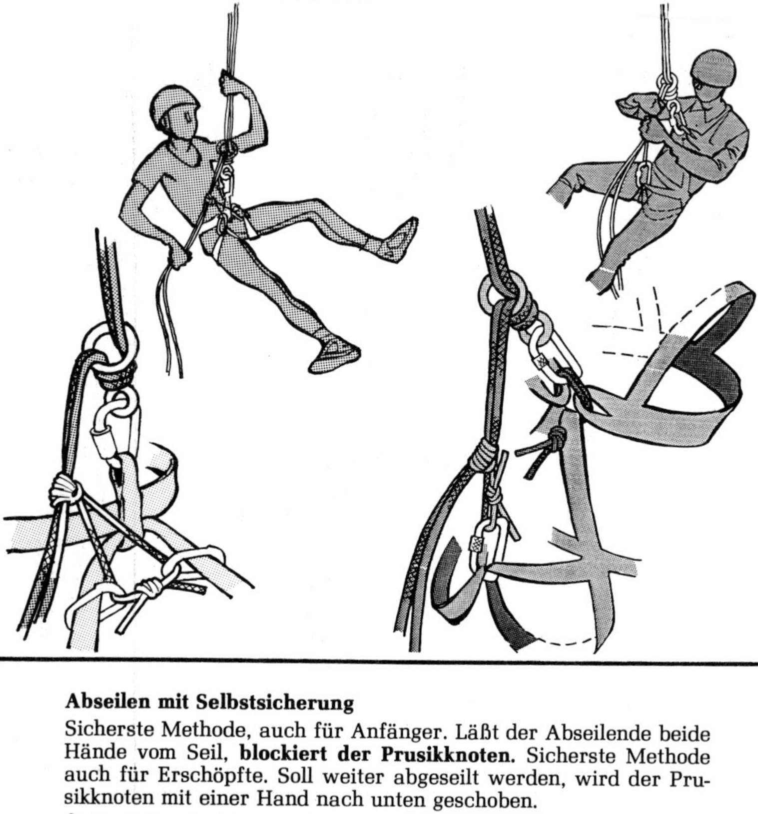

Abseilen mit Selbstsicherung

Sicherste Methode, auch für Anfänger. Läßt der Abseilende beide Hände vom Seil, **blockiert der Prusikknoten.** Sicherste Methode auch für Erschöpfte. Soll weiter abgeseilt werden, wird der Prusikknoten mit einer Hand nach unten geschoben.

- Der Abseilachter mit eingelegtem Abseilseil wird mit Schraubkarabiner in die Anseilschlaufe (Bild links) bzw. in den Anseilring (Bild rechts) eingehängt. Unterhalb des Abseilachters wird eine kurze Reepschnurschlinge mit **Prusikknoten** ums Seil gelegt (**Kurzprusik**) und mit Karabiner im Sitzgurt eingehängt.
- Eine Hand oder beide Hände führen das lose Seil direkt oberhalb des Prusikknotens und schieben ihn am Seil herab.

Zum Anhalten (Seile entwirren usw.) werden Prusikknoten und Seil ausgelassen.

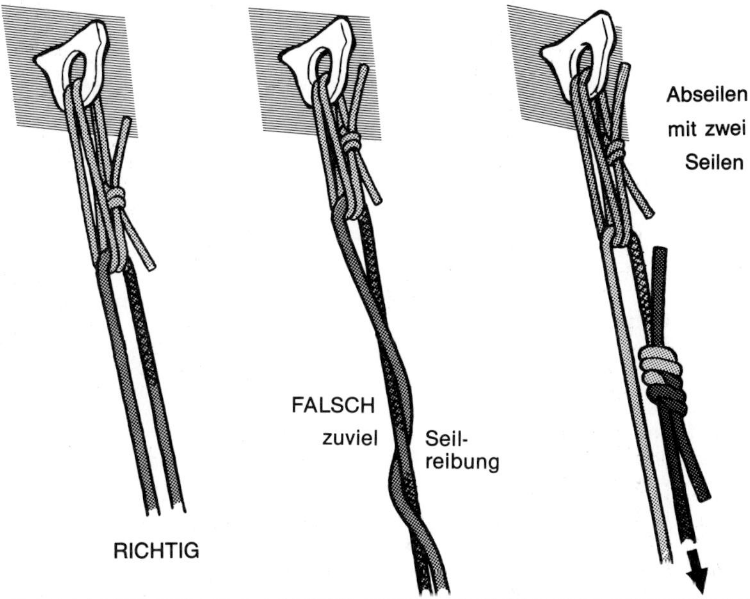

Nachdem der Erste abgeseilt hat, gibt er das Seil frei (steigt aus dem Abseilsitz). Danach verständigt er seinen oberen Partner durch Zuruf „Seil frei" oder „Seil okay".
Bevor der Letzte abseilt, prüft der bereits unten angelangte, ob sich das Seil einwandfrei abziehen läßt (Abzugsprobe). Klemmt das Seil, muß der Obere den Seilverlauf am Fixpunkt ändern und nochmals auf gute Abziehbarkeit prüfen lassen. Haben alle abgeseilt, wird der Knoten gelöst und das Seil am **leichter zu ziehenden Seilstrang** abgezogen.
Das Abziehen soll gleichmäßig und **nicht zu schnell** erfolgen. Dies gilt auch für den Augenblick, in dem das Seilende durch die Abseilschlinge schlüpft. Die Gefahr, daß sich das Seil dabei irgendwo verklemmt oder verhängt, ist beim schnellen Abziehen größter als beim langsamen.
Vorsicht vor Steinschlag! Das herabfallende Seil kann Steine lösen.

Die Seilschaft im Eis

Es ist zu unterscheiden zwischen dem Begehen unterschiedlicher Eisbereiche:

- Auf- und Abstieg über **Gletscher**
- Auf- und Abstieg über **Firn- und Eisgrate**
- Aufstieg über **Firn- und Eisflanken.**

Auf **Gletschern** wird gleichzeitig am Seil gegangen. Das Seil dient zur Sicherung und Bergung bei Spaltensturz. Die Dreier- und die Viererseilschaft sind der Zweierseilschaft vorzuziehen. Sie sind eher zu Hilfs- und Rettungsmaßnahmen bei Spaltensturz in der Lage.
Auf dem **aperen** Gletscherteil sind alle Spalten zu erkennen und können so überwiegend gefahrlos umgangen werden. Für den Anfänger ist Seilsicherung u.U. (wenn ängstlich und unsicher) empfehlenswert. Der Erfahrene wird darauf verzichten können. Der **firnbedeckte** Gletscherteil verdeckt seine Spalten, was ihn gefährlich macht. **Deshalb muß auf firnbedeckten Gletschern grundsätzlich angeseilt werden.** Im einzelnen siehe Seite 48 bis 59.
Firn- und Eisgrate haben sehr **unterschiedliche Formen.** Diese reichen vom harmlosen Firnrücken bis zum ausgesetzten, steilen und überwächteten Eisgrat. **Je nach Gratform muß unterschiedlich gesichert werden.** Dies reicht vom gleichzeitigen Gehen am Seil (wie auf Gletschern) bis zum seillängenweisen Sichern (wie in Firn- und Eisflanken). Die Seilschaftsgröße richtet sich nach den Schwierigkeiten. Einfache Gratanstiege lassen sich auch in der Dreier- und der Viererseilschaft begehen, schwierigere und ausgesetztere Grate nur in der Dreier- oder auch nur in der Zweierseilschaft. Im einzelnen siehe Seite 60 und 61. In **Firn- und Eisflanken** — etwa ab 45° Steilheit — wird gesichert wie im Fels. **Es bewegt sich immer nur ein Seilschaftsteil, während er vom anderen mit Kameradensicherung** (einschließlich Selbstsicherung) **gesichert wird.** Zwischensicherungen (ähnlich den im Fels) werden je nach Steilheit angebracht. Die Zweierseilschaft ist (wie im Fels) die Regel. Im einzelnen siehe Seite 62 und 63.

Oben links: Am Bionnassay-Grat (Montblanc-Gruppe).
Rechts: Benutzung zweier Ankergeräte im Steileis.
Unten: Auf dem Gefrorene-Wand-Kees (Zillertaler Alpen).

Eispickel, Eisbeil — und wie man sie benutzt

Die Form der Haue ist ausschlaggebend. **Wenig gekrümmte** Hauen eignen sich zum **Stufenschlagen, stark gekrümmte oder abgewinkelte** Hauen zur Anwendung der **Ankertechnik.** Die etwas gekrümmte oder abgewinkelte Haue (Maß A = Maß B) eignet sich — wenn auch weniger gut — für beides.

Die **Länge des Pickelschaftes** richtet sich nach der Körpergröße. Bei aufrechter Körperhaltung soll der Schaft, Pickelkopf bei locker gestrecktem Arm in der Hand, bis zum Boden reichen.

Die **Wahl der Eisgeräte** richtet sich nach dem Verwendungszweck:

- Für Gletscher- und weniger steile Firnanstiege wird der Pickel mit wenig oder etwas gekrümmter Haue (zum Stufenschlagen) gewählt. Maß A größer oder gleich als Maß B. Schaftlänge wie oben.
- Für steileres Eis werden zwei Eisgeräte benötigt: ein Pickel und ein Eisbeil oder Eishammer mit stark abgewinkelter oder gekrümmter Haue zur Anwendung der Ankertechnik. Maß A kleiner Maß B. Schaftlänge kürzer als oben.

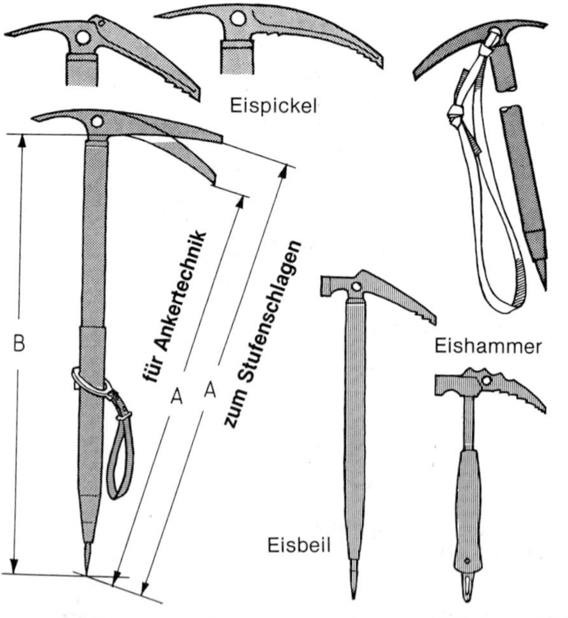

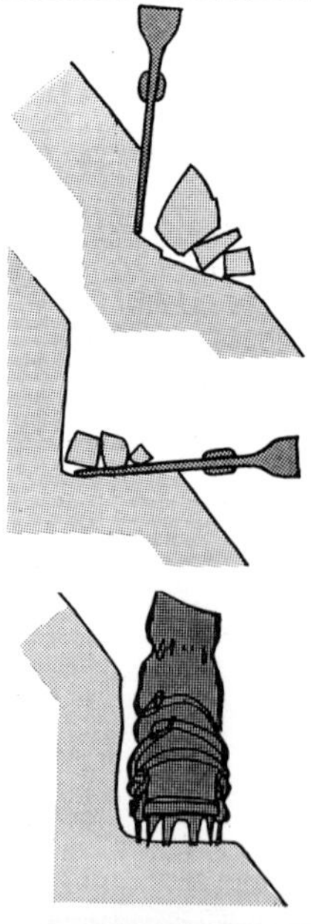

**Rettungs-
griff bei
Sturz**

Mit der **Haue** wird gebremst. Deshalb muß schon während des Gehens die Haue richtig — nach **rückwärts** zeigend — gehalten werden. Ein Sturz kann sich in vielen Varianten vollziehen. Folgendes ist immer wichtig:

- **Anfänglich Arme und Beine spreizen,** um die Körperlage zu stabilisieren und ein Rotieren und Überschlagen zu verhindern.
- Wenden des Körpers in die Bauchlage.
- Mit Füßen nur bremsen, wenn **keine** Steigeisen getragen werden (Steigeisen verhaken sich und führen zum Rotieren und Überschlagen).
- Pickel bzw. Eisbeil in beiden Händen mit der Haue möglichst **tief** in den Firn drücken..

Steigeisen — und wie man sie benutzt

Die Wahl richtet sich nach dem Verwendungszweck:

- **Universalsteigeisen** für die Vielzahl aller Eisfahrten, auch für kombinierte Touren und fürs Steileis bis etwa 50°.
- **Steigeisen für Steileis** bis etwa 60°; das zweite, nach vorn gerichtete Frontalzackenpaar verbessert das Standvermögen. **Nicht** für kombinierte Anstiege (Fels und Eis).
- **Gelenklose Steigeisen (Chouinard) für Steileis und kombiniertes Gelände.** Nachteilig ist die Stollenbildung. **Nicht** für Gletscherwanderung.

Alle Steigeisen sind **verstellbar.** Auf **einwandfreie Paßform** achten! Der Schuh soll unverrückbar fest zwischen den Bügeln sitzen. Am besten die Paßform etwa 1—2 mm schmäler als die Schuhsohlenbreite einstellen. Der Schuh soll mit etwas Gewalt auf die Steigeisen gezwängt werden müssen. Die Steigeisenzacken werden mit der Zeit stumpf. Mit einer Feile nachschärfen. Zur Befestigung an den Schuhen steht die **Beriemung** oder die **Bindung** zur Wahl:

- Die althergebrachte **Beriemung** (am besten mit Dornenschnalle, trotzdem Verlustgefahr) beeinträchtigt die Blutzirkulation (Erfrierungsgefahr).
- Die **Steigeisenbindung mit Kipphebel** (zum Spannen an der Ferse) vermeidet dies. Der größte Teil aller Steigeisen wird bereits mit Bindung angeboten.

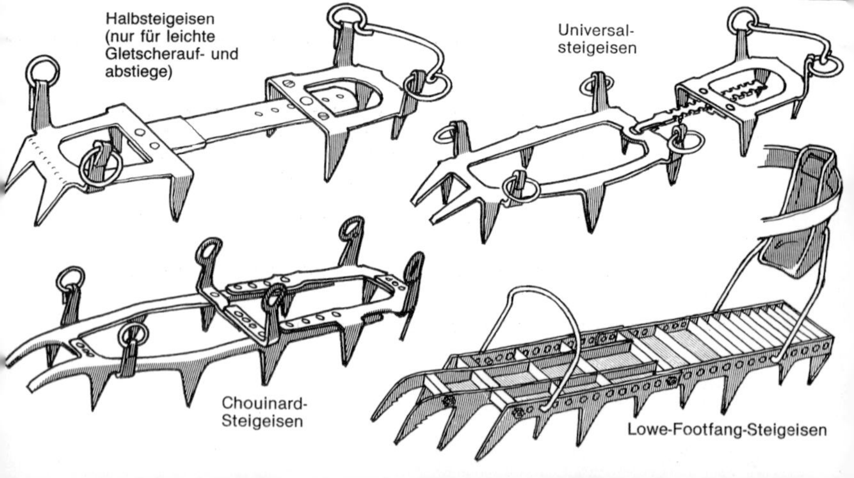

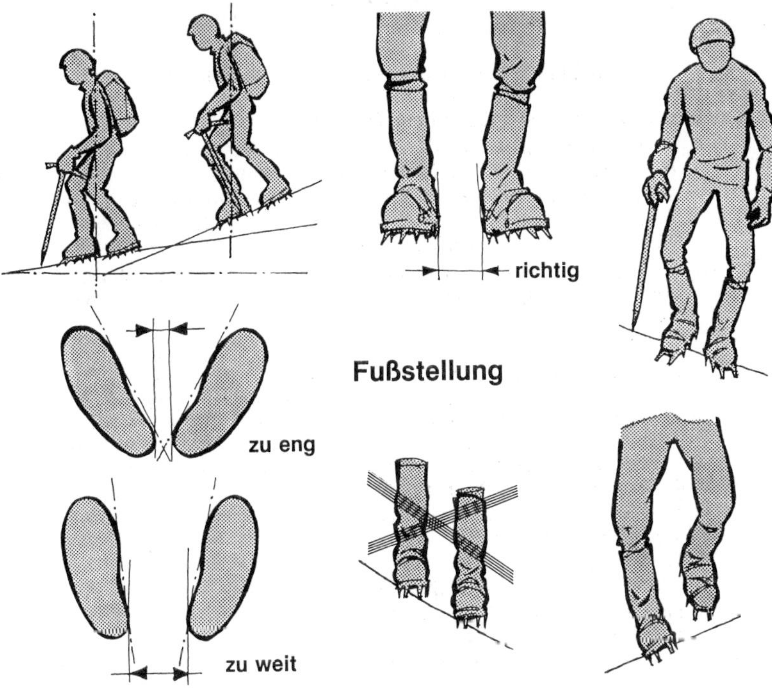

Eckensteintechnik

Für wenig steiles Eis. Die Füße werden so aufgesetzt, daß **alle Vertikalzacken** gleichmäßig greifen. Dies macht — je nach Hangsteilheit — ein mehr oder weniger starkes Abwinkeln in den Kniegelenken und den Knöchelgelenken erforderlich. Man beachte:

- Unabhängig von der Hangsteilheit **Oberkörper immer senkrecht.**
- **Leichte V-Stellung der Füße** (zu große V-Stellung bedingt zu geringes Standvermögen).
- Abstand zwischen den Füßen gut **ein Fußbreit.**

Kopfgrifftechnik Schaftgrifftechnik

Frontalzackentechnik

Steilere Firn- und Eisflanken (über etwa 45°) werden mit der Frontalzackentechnik in gerader Richtung direkt auf- oder abgestiegen. Zur Fortbewegung und zur Gleichgewichterhaltung werden zwei für die Anwendung der **Ankertechnik** geeignete Geräte benötigt.

Zur Beinarbeit:

- Frontalzacken mit **kräftigem Pendelschlag** des Unterschenkels ins Eis stoßen. Dabei soll auch das erste Vertikalzackenpaar etwas greifen.
- Beim folgenden Belasten (Gewichtsverlagerung) soll die Ferse etwas **gesenkt** werden (leichteres Stehen, weniger kraftraubend).

Zur Handarbeit je nach Steilheit:
Kopfgrifftechnik für weniger steiles und weniger hartes Eis und für Steilfirn = Hände am Gerätekopf; bietet guten Halt, die Haue läßt sich leicht wieder entfernen.

Schaftgrifftechnik für steiles und hartes Eis = Hände am Geräteschaft; bietet besseren Halt, die Haue läßt sich allerdings etwas schwieriger wieder entfernen — um so schwieriger, je mehr sich das Gerät zur Anwendung der Ankertechnik eignet (im Eis „beißt").

- Durch **kräftigen Ziehschlag** wird die Haue ins Eis getrieben.
- Anschließende Belastung möglichst **senkrecht,** nicht nach außen.

Zur Fortbewegung:
Vierfüßlertakt für weniger steiles Eis = rechter Arm / linkes Bein / linker Arm / rechtes Bein.
Raupentakt für Steileis = Arm / Arm und Bein / Bein

Kombitechnik

Längeres Gehen mit Frontalzackentechnik ist anstrengend. Die kombinierte **Frontalzacken / Eckenstein-Technik** (auch **Kombitechnik)** ermüdet weniger und bietet leichter sicheres Geh- und Stehvermögen, da der natürlichen Steigbewegung eher angeglichen. Nur bis etwa 50° Steilheit. Besonders im Abstieg (Rückzug) anzuraten. Fortbewegung beim Aufstieg im **Vierfüßlertakt** oder auch im **Raupentakt,** beim Abstieg **nur im Raupentakt.**

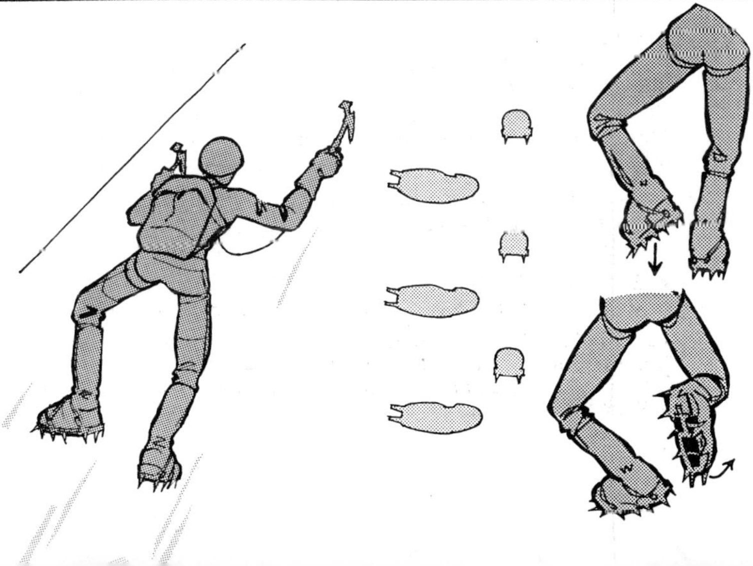

Eisschrauben, Eishaken — und wie man sie setzt

Einwandfreien Halt im Eis bieten nur **Sicherungsmittel in Rohrform,** im einzelnen:

- **Rohreisschraube** zum Eindrehen (nach einigen anfänglichen Hammerschlägen) zum Lösen wieder herausdrehen. Zum Sichern nicht unter 15 cm Schaftlänge.
- **Rohreishaken** zum schnellen Setzen (Einschlagen, keine Sprengwirkung) und wieder Herausdrehen. Einhändiges Setzen möglich. Zum Sichern nicht unter 18 cm Schaftlänge.

Alle anderen Eissicherungsmittel wie Halbrohreisschrauben, Korkenzieher-Eisschrauben, Spiralzahnhaken usw. sind nachteilig (geringe Haltekraft im Eis, Bruchgefahr, große Sprengwirkung).

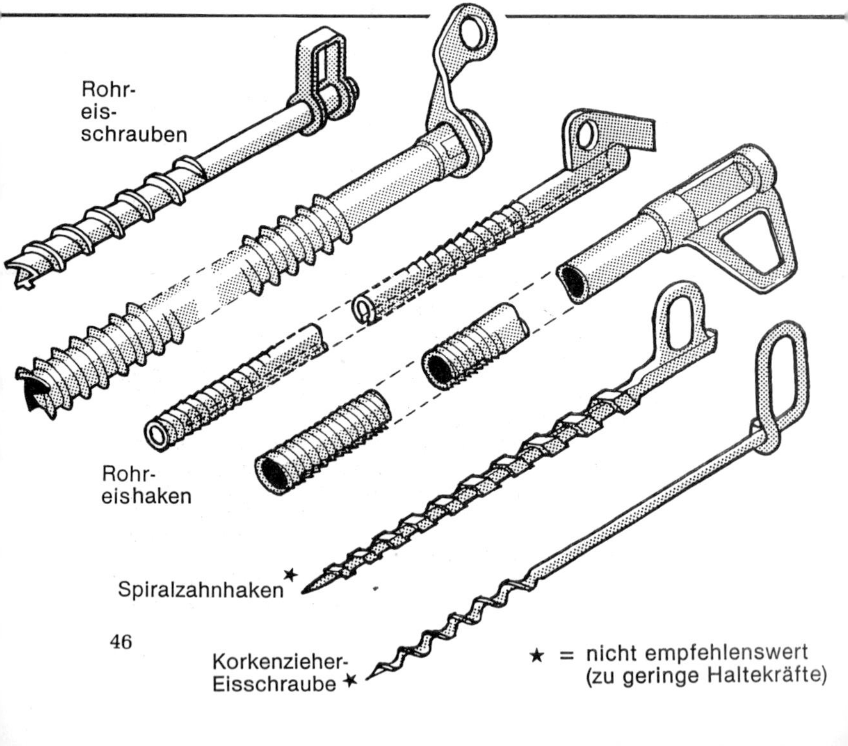

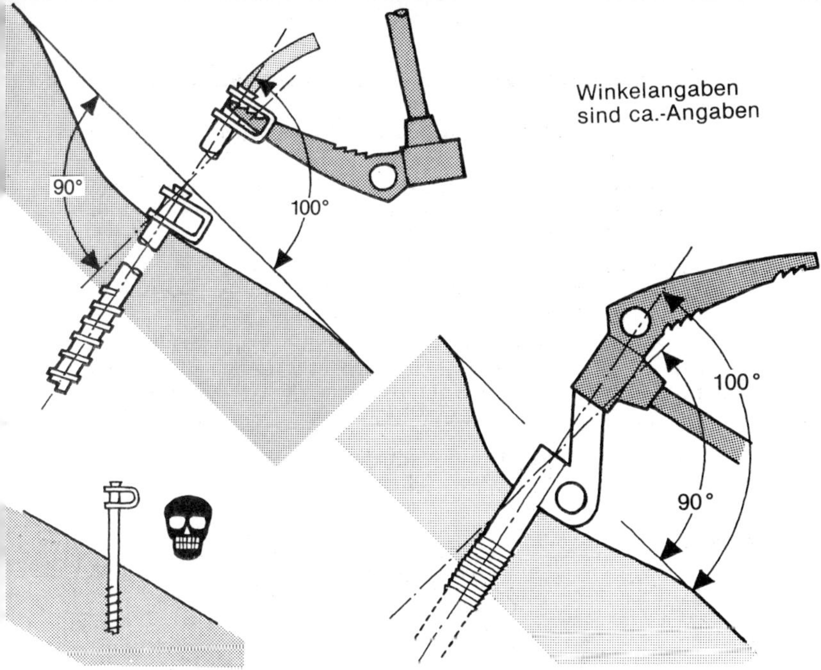

Das morsche Oberflächeneis wird weggehackt. Die **Eisschraube** wird mit wenigen Hammerschlägen (notfalls mit dem Pickel) so weit ins Eis getrieben, bis merklicher Widerstand spürbar. Dann wird sie eingeschraubt, bis die Öse fest auf dem Eis aufsitzt. Der **Rohreishaken** wird mit dem Hammer vollends ins Eis getrieben (dabei leichte Drehung der Öse beachten).
Setzwinkel für alle Eissicherungsmittel **etwa 100°** (gemessen von unten). Lösen durch Herausdrehen, anfangs mit dem Eisgerät. Nach dem Lösen muß der **Eispfropf entfernt werden.** Schraube bzw. Haken in der Hand kurz anwärmen und Pfropf herausschleudern oder — wenn nicht sofort wieder benötigt — an Anseilgurt hängen (Strahlungswärme löst den Pfropf).
Haltekraftwerte in gesundem Eis für gute Rohreisschrauben und Rohreishaken über 10 kN (ca.1000 kp), max. 20 kN (ca. 2000 kp).

Die Seilschaft auf dem Gletscher

Firnbedeckte Gletscher werden, auch wenn sie harmlos erscheinen, wegen der Spaltensturzgefahr immer angeseilt begangen. Vor einem Spaltensturz ist niemand gefeit. Der erfahrenste und ausdauerndste Seilpartner (Spuren, Sondieren, Gespür für Gletscherspalten) geht im allgemeinen voran. Alle Seilpartner gehen in **gleichem** Tempo. Das Seil schleift nach Möglichkeit **nicht** auf dem Gletscher. Seilschlingen werden **nicht** aufgenommen, Ausnahme: notwendig werdendes Aufschließen. **Vorsicht!** Starke Firnbelastung, Achtung bei verdeckten Spalten.
Die Spaltengefahr auf Gletschern wird vielfach unterschätzt. Die Erkennbarkeit der Gefahr kann erschwert werden durch Neuschnee und unsichtiges Wetter (diffuses Licht, das die Schattenbildung auslöscht). Auch Unachtsamkeit und fehlende Erfahrung begünstigen einen Spalteneinbruch.

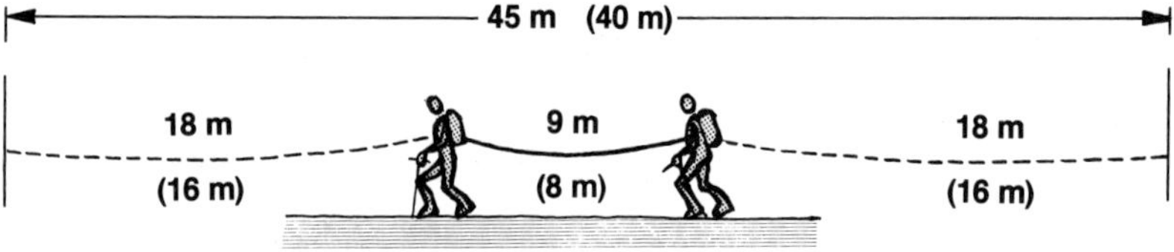

in abschüssigem Gelände (Mitreißgefahr bei Spaltensturz) Zweierseilschaft mit etwas größerem Abstand, etwa 10 bis 12 m (siehe auch Seite 53).

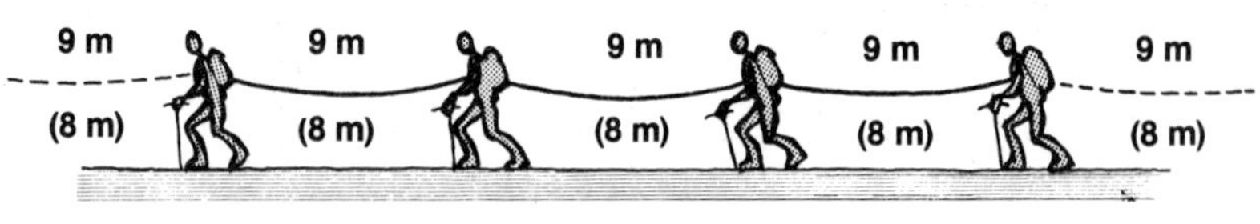

Angeseilt wird mit **Reepschnur- oder Bandschlinge** (Reepschnur mind. 6 mm Durchmesser, Band mind. 20 mm breit oder 2 Kennfäden, 1,5 m lang) **und Schraubkarabiner** wie rechts gezeigt.
Abstand von Seilpartner zu Seilpartner etwa **8 bis 9 m.** Als Anseilschlinge im Seil dient die **Sackstichschlinge** oder die Achterschlinge. **Freie Seilstücke** zu armlangen Schlingen aufnehmen und unter der Rucksackpatte verstauen (so sind sie am schnellsten für die Spaltenbergung verfügbar).

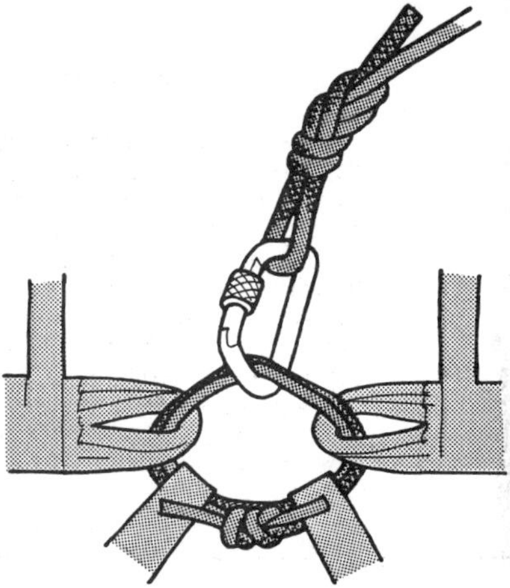

Spierenstich oder Bandknoten

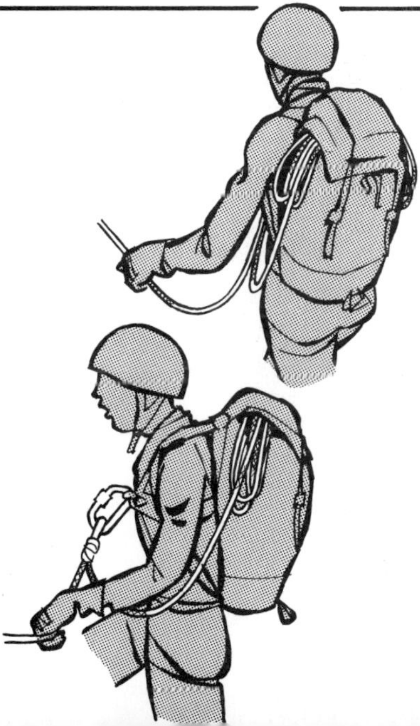

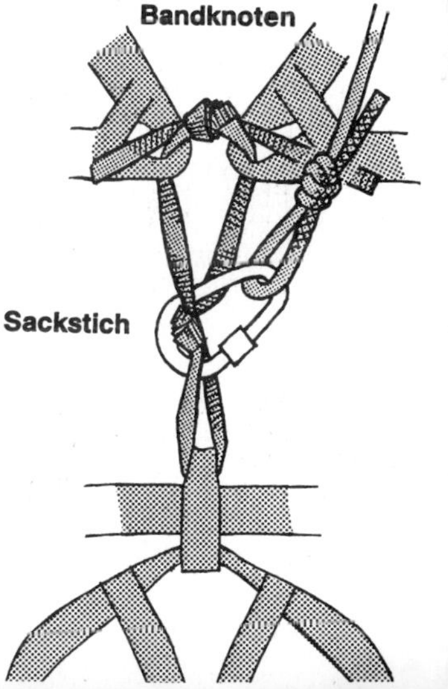

Gletscherspalten — und wie man sie überschreitet

Schmale, längliche Senkungen und **geringfügig dunklere Firnschattierungen** deuten immer auf Gletscherspalten hin. In größeren Gletschermulden sind immer weniger Spalten anzutreffen als an Gletscherbuckeln.
Gletscherspalten werden immer **rechtwinklig zu ihrem Verlauf** überschritten, **breitere Spalten** mit etwas Anlauf (nicht mehr als drei bis vier Schritt) übersprungen. **Achtung!** Für den Sprungvorgang muß genügend Seil zur Verfügung stehen (der Seilnächste soll nicht mitgerissen werden). Das jenseitige Spaltenufer muß sicheren Halt für das Aufspringen bieten (also einzusehen sein).
Noch breitere Spalten müssen in sicherem Abstand (Spaltenwächten, nicht immer einzusehen!) umgangen werden. Vor Begehen von **Spaltenbrücken** muß der Seilerste die Tragfähigkeit mit dem Pickel (Eisbeil) **sondieren.** Alle übrigen Seilpartner bleiben auf sicherem Spaltenufer, in möglichst **weitem Abstand vom Spaltenrand.** Scheint der Abstand zu gering, muß sich der nächstfolgende Seilpartner aus- und kurz vor dem dritten wieder einbinden (Gegengewicht für möglichen Spaltensturz des Seilersten). Stößt der Pickel beim Sondieren **ins Leere,** dann **sofort zurück,** die Brücke ist dünn und mit ziemlicher Sicherheit nicht tragfähig. Müssen **wenig sicher**

Seilerster beim Sondieren

erscheindende Spaltenbrücken begangen werden (Umgehung der Spalte nicht möglich), so muß dies **kriechend,** Pickel (Eisbeil) in beiden Händen, geschehen, um die Flächenbelastung möglichst gering zu halten.

Bei länglicher Einsenkung: Vorsicht Spalte!

Spaltensturz — wie läuft er ab?

Jeder Mensch wird mit einer horizontal oder diagonal wirkenden Kraft in der Größenordnung von 200 bis 500 N (etwa 20 bis 50 kp) **aus dem Stand gerissen.** Der Spaltensturz eines Seilpartners kann deshalb vom folgenden Seilzweiten weder im Gehen noch im Stehen gehalten werden. Der plötzlich auftretende Sturz **reißt ihn zu Boden** und so lange in Richtung Spaltenrand, bis die Fallenergie durch Seilreibung am Spaltenrand und durch Reibung zwischen dem Niedergerissenen und der Gletscheroberfläche in Form von Reibungsarbeit aufgezehrt worden ist. Erst danach ist der Spalten-

Spaltensturz auf abschüssigem Gletscher. Sturzbelastungen dieser Art sind für die übrigen Seilpartner sehr gefährlich. Die Seilreibung am Spaltenrand und die Reibung zwischen den zu Boden Gerissenen und der Gletscheroberfläche reichen oft nicht aus, den Sturz abzufangen. Die übrigen Seilpartner folgen dann dem Ersten in die Spalte.

sturz abgefangen. Gelegentlich tragen die zu Boden Gerissenen Armluxationen und/oder Knochenbrüche davon.

Bei einer **Dreierseilschaft** wird meist noch der Dritte zu Boden gerissen. Der Bremsweg in Richtung Spaltenrand ist dann erheblich kürzer. Hier und bei der nachfolgend beschriebenen Spaltenbergung zeigen sich die **Vorteile der Dreier- und der Viererseilschaft auf dem Gletscher.** Die Zweierseilschaft ist am schlechtesten dran.

Um der Mitreißgefahr bei Spaltensturz vorzubeugen, können Knoten (kurze Sackstich- oder Achterschlingen) ins Seil geknüpft werden, die die Reibung am Spaltenrand beträchtlich erhöhen. Besonders vorteilhaft auf abschüssigem Gletscher.

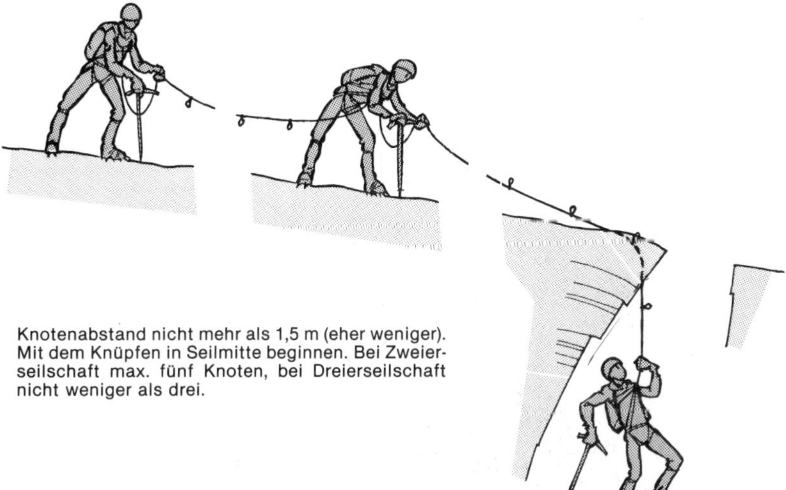

Knotenabstand nicht mehr als 1,5 m (eher weniger). Mit dem Knüpfen in Seilmitte beginnen. Bei Zweierseilschaft max. fünf Knoten, bei Dreierseilschaft nicht weniger als drei.

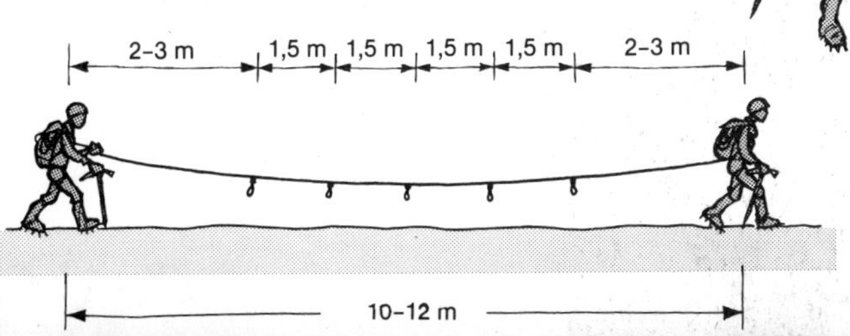

Fixieren des in die Spalte Gestürzten

Je mehr Seilpartner zur Verfügung stehen, desto besser. Bei der Zweierseilschaft muß der zu Boden Gerissene in ungünstiger Lage die Fixierung des in die Spalte Gestürzten zuwege bringen.
Als **Fixpunkt** kommt nur die **T-Verankerung** („Toter Mann") in Frage. Sie bietet den **sichersten** Halt im Firn und läßt sich mit etwas Übung bequem innerhalb einer Minute anbringen. Als Anker können verwendet werden:

- **Pickel, Eisbeil, Eishammer**
- **Rucksack** (am besten leer oder halbleer)
- **Kleidungsstücke** (Anorak, Pullover, große Handschuhe, nicht aus Perlon)

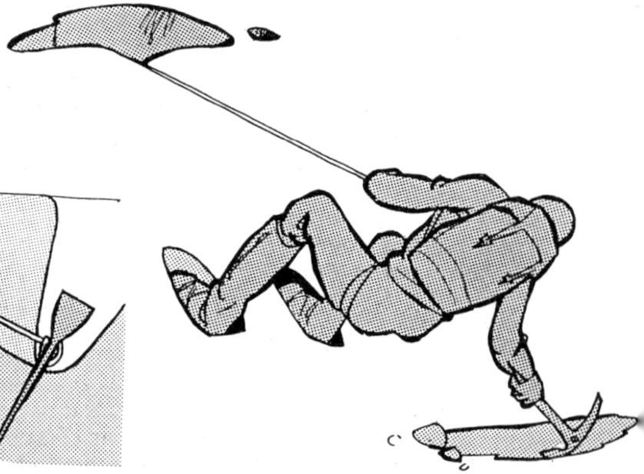

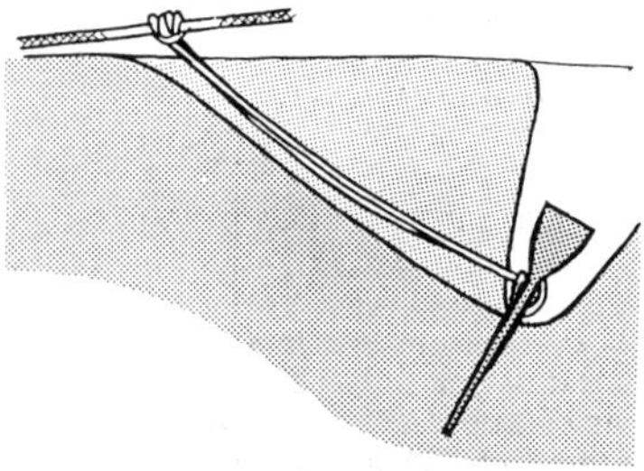

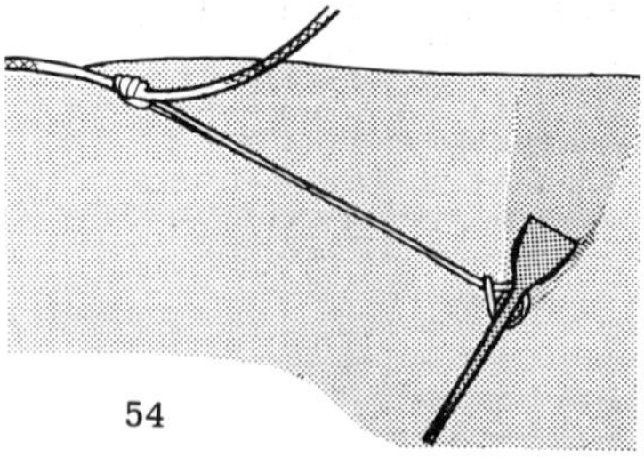

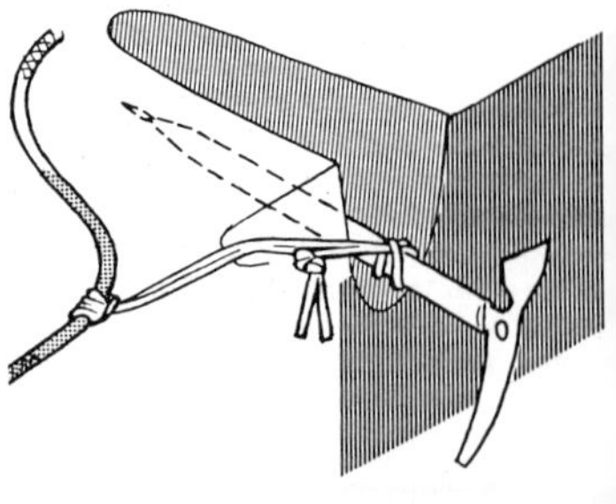

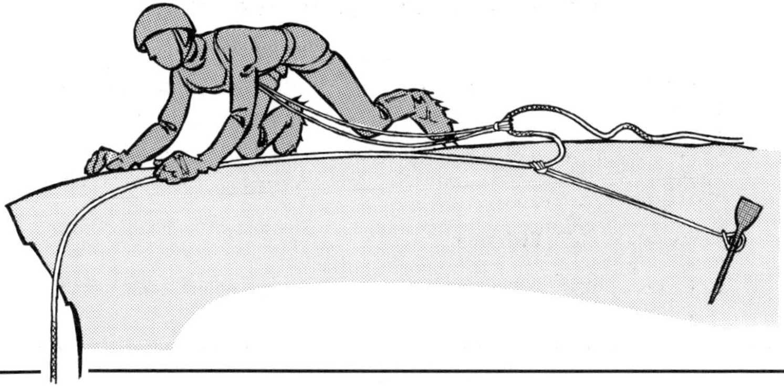

Es wird wie folgt vorgegangen:

- Quer zur Richtung des belasteten Seiles mit Pickel, Eisbeil oder -hammer (notfalls mit den Händen, Handschuhe!) eine **möglichst schmale, etwa 30 bis 40 cm tiefe Furche** in den Firn hacken. Je kleiner der Anker (Eishammer, Handschuhe), desto tiefer.
- T-förmig zur Furche (also in gleicher Richtung wie das belastete Seil) eine **schmale Rinne** (für die Reepschnur) anbringen.
- Prusikschlinge um das belastete Seil legen und mit Ankerstich am Anker befestigen.
- Anker möglichst **tief** in die Furche drücken (Haue von Eisgeräten nach unten) und Firn von der nicht zu belastenden Seite darauf raffen und verfestigen.
- Durch vorsichtiges Nachlassen des belasteten Seiles Prusikschlinge und T-Verankerung langsam belasten.
- Vom Seil befreien (Schraubkarabiner öffnen, Seilknoten lösen) und mit Prusikschlinge am unbelasteten Seil **selbstsichern.**
- Zum Spaltenrand kriechen (Vorsicht Wächte), Rufverbindung aufnehmen, und Art der Spaltenbergung vereinbaren.

Sind weitere Seilpartner vorhanden, so unterstützen sie mit Seilzug (Körperzug) den die Fixierung anbringenden Partner oder bringen selbst die Fixierung an. Sodann lösen sich alle soweit vom Seil, daß die Spaltenbergung (lose Rolle) beginnen kann. **Achtung vor weiteren Spalten!** Gegebenenfalls am Fixpunkt oder am unbelasteten Seil mit Prusikschlinge oder Sackstich selbstsichern!

Lose Rolle — und wie man sie anwendet

Die **schnellste und unkomplizierteste Bergungsmethode.** Das Prinzip der losen Flaschenzugrolle wird ausgenutzt. Dazu ist eine freie Seillänge von etwas mehr als der **doppelten** Entfernung zwischen Fixpunkt und dem in der Spalte Hängenden erforderlich (bei richtigem Angeseiltsein steht genügend Seil zur Verfügung). Nach Fixierung des in der Spalte Verschwundenen wird wie folgt vorgegangen:

- Eine **Seilschlinge mit eingehängtem Karabiner** (wenn möglich, mit Pulley) wird zum in der Spalte Hängenden hinabgelassen.
- Dieser hängt den Karabiner in seine Anseilschlinge (Reepschnurring, Achterschlinge).
- Der oder die Retter ziehen auf Kommando am **losen** Seilstrang. Nach jedem Hub wird das Seil kurzzeitig festgehalten und der Prusikknoten wieder in Richtung Spaltenrand geschoben. Danach folgt der nächste Hub.
- Der zu Rettende kann die Arbeit wesentlich unterstützen, indem er sich bei jedem Hub (Kommando der Retter) am Sturzseil etwas emporzieht (dadurch Verringerung der Seilreibung im Karabiner bzw. Pulley).

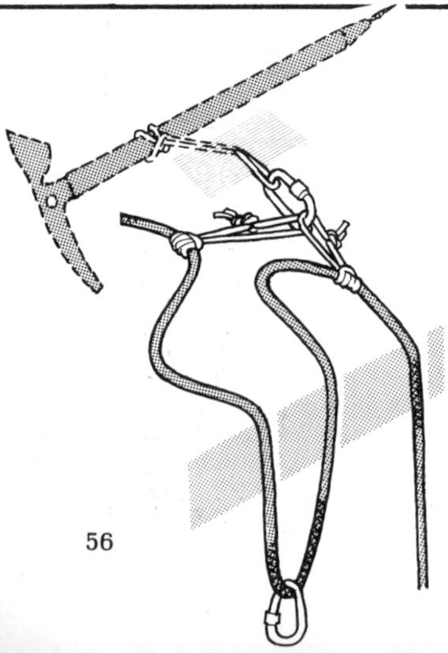

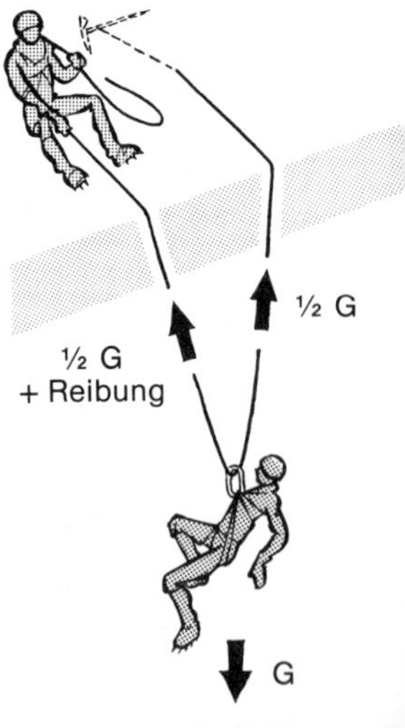

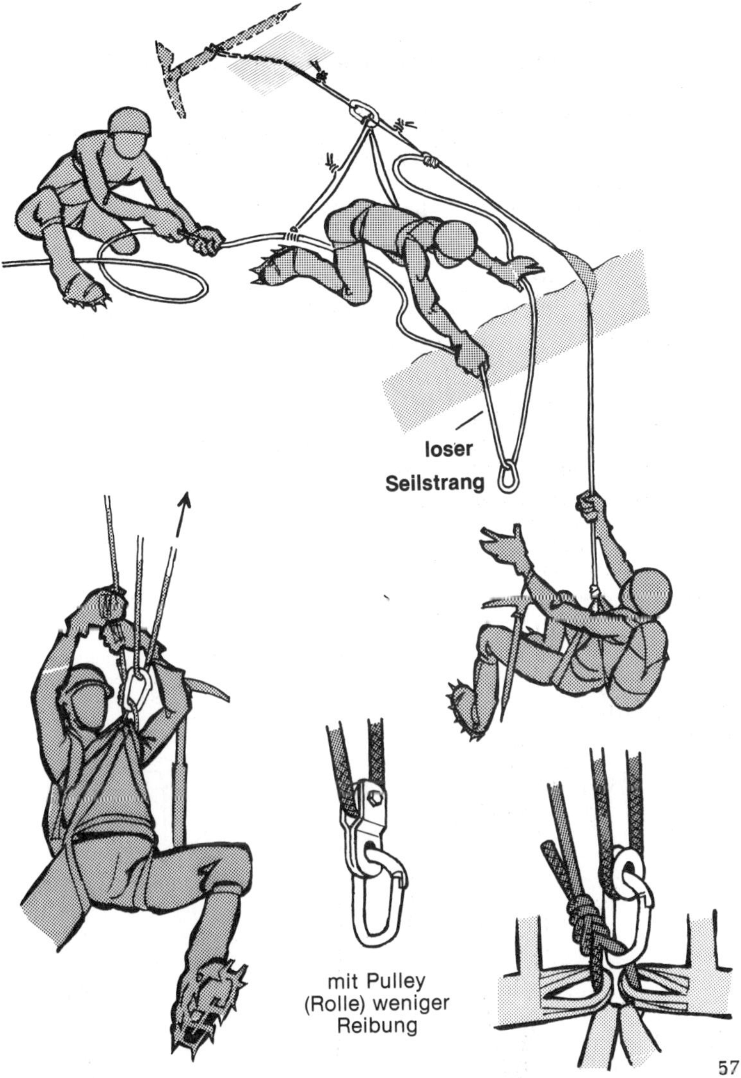
loser
Seilstrang
mit Pulley
(Rolle) weniger
Reibung

Lose Rolle, kombiniert mit Flaschenzug

Methode für Zweierseilschaft, wenn der Seilzweite zu schwach ist, den Arbeitshub mit der Losen Rolle zu leisten. Es wird die **Lose Rolle** mit dem **Einfachflaschenzug** kombiniert.

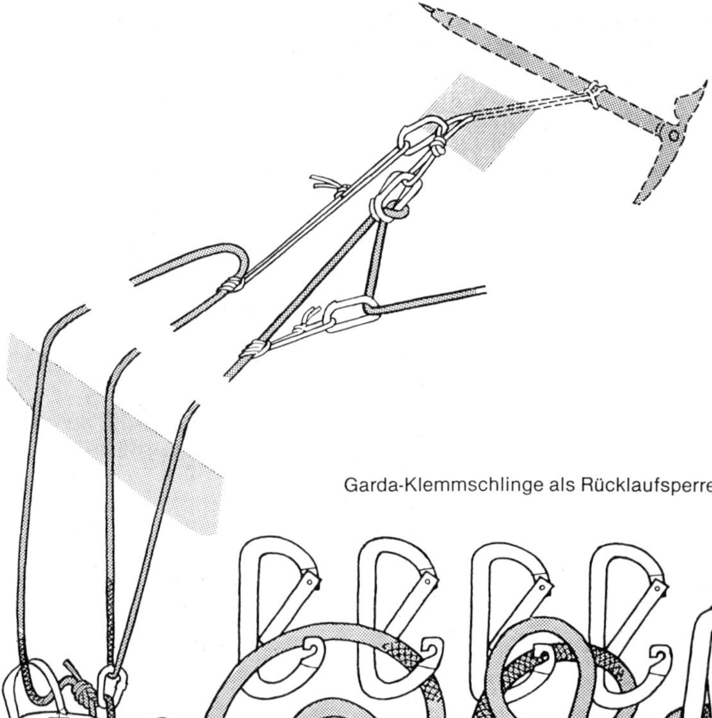

Garda-Klemmschlinge als Rücklaufsperre

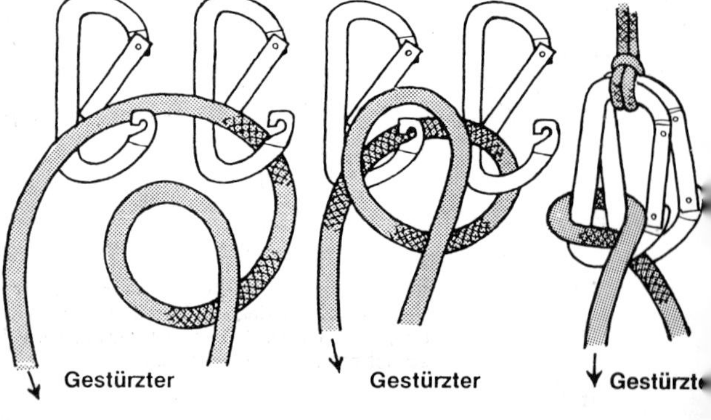

Prusiktechnik — und wie man sie anwendet

Methode für den Fall, daß der „Retter“ zu schwach ist oder sich nicht zu helfen weiß, und der in die Spalte Gestürzte voll aktionsfähig ist und außerdem zwei Prusikschlingen greifbar hat (Prusikschlingen beim Anseilen griffbereit in die Taschen stecken).

- **Durchmesser** der Schlingen = 5 mm (halber Seildurchmesser)
- **Länge** der Schlingen = vom Fuß bis in Halshöhe reichend (die obere etwas länger — die untere etwas kürzer).

Die Schlingen werden mit dem **Prusikknoten** ums Seil gelegt (bei nassen oder vereisten Seilen eine Umschlingung mehr) und zwischen Brustgurt und Brust hindurch, und von innen (Schritt) nach außen (um die Waden) herumgeführt.

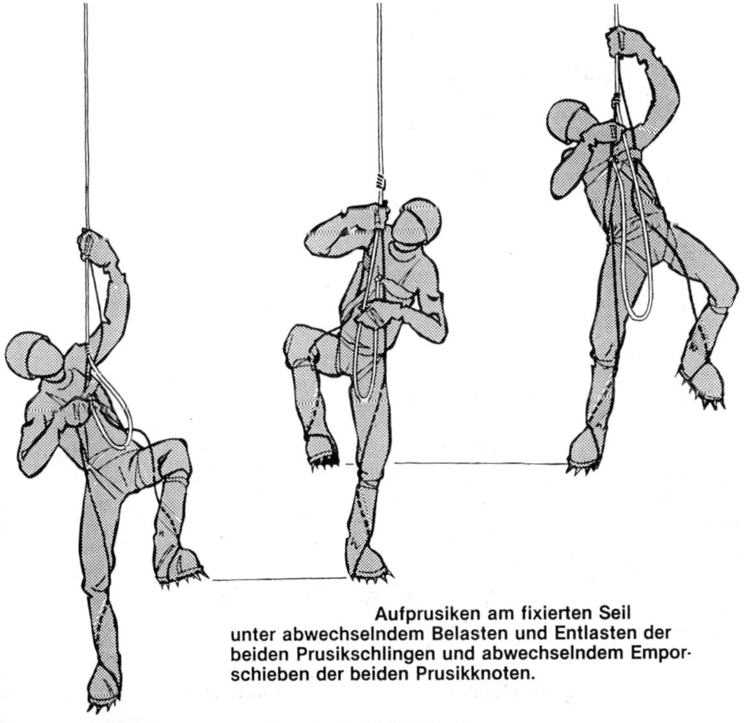

Aufprusiken am fixierten Seil
unter abwechselndem Belasten und Entlasten der beiden Prusikschlingen und abwechselndem Emporschieben der beiden Prusikknoten.

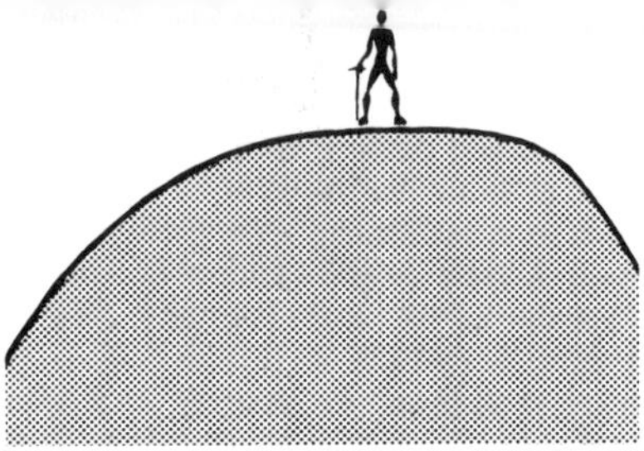

Auf breiten Firn- und Eisgraten ohne Wächtenbruchgefahr

Die ungefährlichste Gratform, wenn annähernd waagrechter Verlauf (Gratrücken). Es wird entweder gleichzeitig am Seil gegangen (Abstand wie auf Gletschern, etwa 8 bis 9 m) oder es wird auf das Seil verzichtet. Wird der Gratverlauf steiler, gleicht das Gehen dem in Firn- und Eisflanken (bei Seilbenutzung **Gefahr des Mitgerissenwerdens).** Bei größerer Steilheit muß dann von Standplatz zu Standplatz gesichert werden. Lassen sich keine Eisschrauben anbringen (Firn), dann T-Verankerung anwenden.

Auf breiten Firn- und Eisgraten mit Wächtenbruchgefahr

Es wird gleichzeitig am Seil in **ausreichendem Abstand von der möglichen Wächtenbruchlinie** gegangen. Abstand von Seilpartner zu Seilpartner etwa 8 bis 9 m (wie auf Gletschern). Jeder hält einige lose Seilschlingen in der Hand, um im Falle eines Wächtenbruchs sofort auf die andere Gratseite springen zu können. Das Seil schneidet sich dabei soweit in den Firn, daß es genügend bremst.
Durch die zunehmende Verflachung auf der Grathöhe darf man sich **nicht** verleiten lassen, in den Bereich der Wächtenbruchlinie zu geraten.

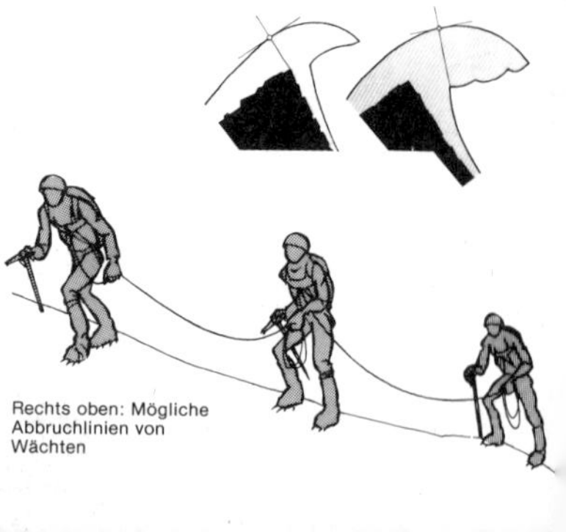

Rechts oben: Mögliche Abbruchlinien von Wächten

Auf schmalen Firn- und Eisgraten ohne Wächtenbruchgefahr

Es wird gleichzeitig am Seil gegangen. Abstand etwa 8 bis 9 m (wie auf Gletschern). Jeder hält einige lose Seilschlingen in der Hand, um bei Sturz seines Partners **sofort** auf die andere Gratseite springen zu können. Bei Sturz eines Partners muß dieser seinen / seine Gefährten **sofort durch Zuruf warnen** — in jedem Fall, wenn der Seilzweite stürzt, da der Seilerste dies nicht sehen kann. Bei schwächeren Partnern gehen diese besser voraus. Bei sehr steilen Flanken muß gesichert werden wie rechts.

Auf scharfen Firn- und Eisgraten mit Wächtenbruchgefahr

Es muß **unterhalb der Gratkrone** (unterhalb der möglichen Wächtenbruchlinie), in der Steilflanke, gegangen werden, auch wenn dies zeitraubender ist. Es wird **nicht** mehr gleichzeitig gegangen, sondern **von Standplatz zu Standplatz** mit Gefährtensicherung (und Selbstsicherung) **gesichert.** Die Entfernung zwischen den Standplätzen kann kürzer als 40 m gewählt werden. Zwischensicherungen sind je nach Steilheit ratsam. Gleichzeitiges Gehen am Seil beinhaltet die Gefahr des Absturzes der ganzen Seilschaft.

Die Seilschaft in Firn- und Eisflanken

Fortbewegung und Sicherung wie im Fels, im einzelnen:

- Nur ein Seilpartner bewegt sich, während er vom anderen gesichert wird.
- Selbstsicherung, Kameradensicherung mit HMS.

Am Standplatz sind **zwei Fixpunkte** anzuraten. Abstand der beiden Eisschrauben bzw. -haken voneinander etwa 30 bis 40 cm. Verbindung der beiden durch das **Kräftedreieck** zu einem zentralen Sicherungspunkt (wie im Fels). Selbstsicherung am unteren der beiden Fixpunkte.
Trifft man am Stand **nur Firn** an (unterster Wandteil), muß als Fixpunkt die **T-Verankerung** mit Pickel (Eisbeil) gewählt werden. Erfolgt die Führung abwechselnd, übernimmt der Seilzweite mit seinen Eisgeräten die Führung der nächsten Seillänge. Führt dagegen nur ein Seilpartner, muß der Seilzweite sein Eisgerät dem Seilersten für die Führung übergeben. Der Seilzweite bringt dann das vergrabene Eisgerät des Seilersten mit. Am nächsten Standplatz erfolgt der nächste Wechsel.

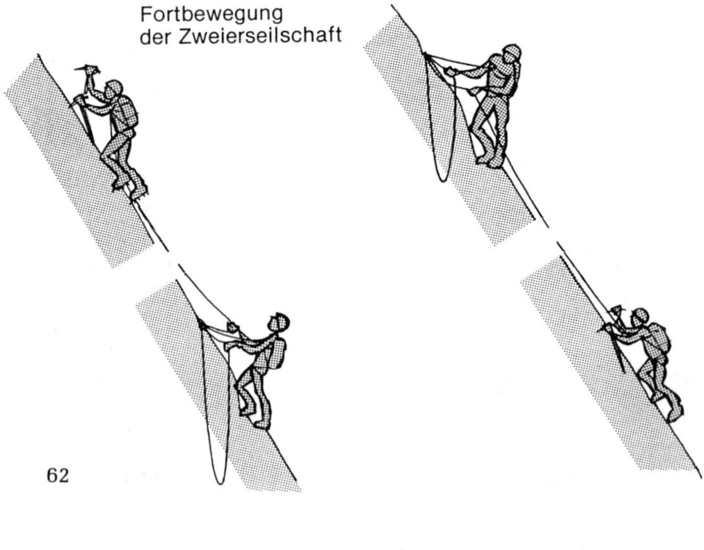

Bremshand

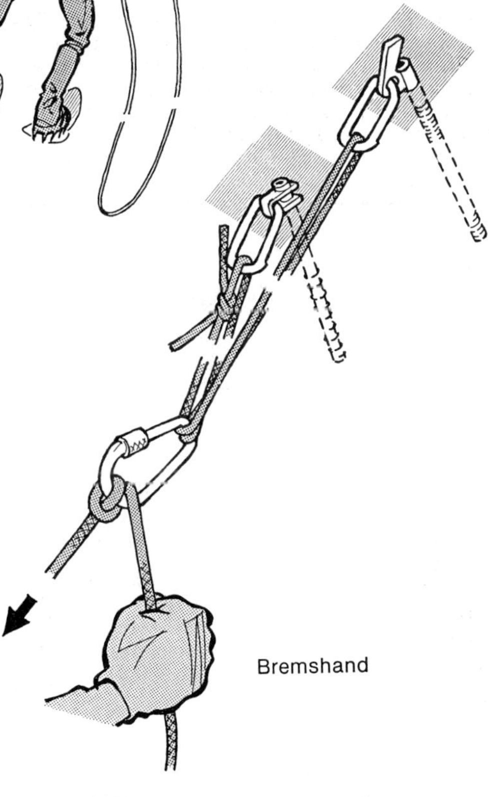
Bremshand

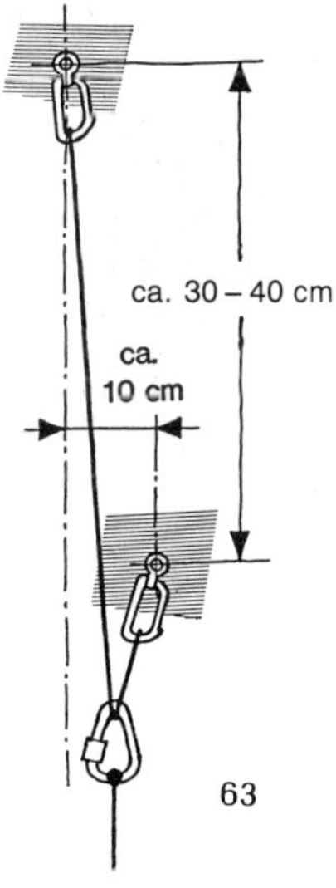
ca. 30 – 40 cm
ca.
10 cm

Anmerkung zur Sicherungstechnik in Fels und Eis

Beim Sturz wird die Sicherungskette — das sind Seil, Anseilgurt, Karabiner, Haken, Klemmkeile, Eisschrauben, Eishaken usw. — mit dem Fangstoß (= Kraft im Seil) belastet. Standhaken werden mit dem einfachen Fangstoß belastet, Zwischensicherungen mit dem doppelten. Deshalb soll die Sicherungsmethode bei Sturzzug nach oben eine niedrigere Bremskraft besitzen als bei Sturzzug nach unten. Nur die HMS erfüllt diese Forderung.

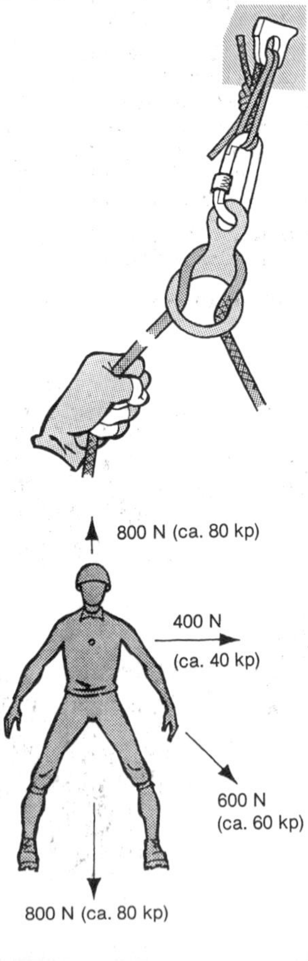

Die Sicherung mit Abseilachter erfüllt diese Forderung nicht. Ihre Bremskraft ist bei Sturzzug nach unten zu niedrig (zu großer Seildurchlauf, Vorsicht: Verletzungsgefahr für Hände, u. U. kann der Sturz nicht gehalten werden). Bei Sturzzug nach oben ist die Bremskraft in der richtigen Größenordnung; daraus wird fälschlich geschlossen, die Sicherung mit Achter sei generell empfehlenswert.

Der Körper des Sichernden kann praktisch keine Fallenergie aufnehmen. Da der Sichernde schon mit sehr geringen Kräften in die Wirkungslinie des Sturzzugs gerissen wird, besteht immer Mitreiß- und Verletzungsgefahr. Außerdem wird er durch das Aus-dem-Stand-Reißen in seiner notwendigen Bremsreaktion behindert (es besteht Gefahr, daß er das Seil ausläßt). Aus der Forderung, die Überlebenschancen der ganzen Seilschaft zu optimieren, folgt: Kameradensicherung am Sicherungspunkt (Haken, Sanduhr, Eisschraube) — nicht am Körper!